悦·读人生

On Descartes
笛卡尔

[美] 加勒特·汤姆森（Garrett Thomson）◎著
王　军◎译

清华大学出版社
北京

北京市版权局著作权合同登记号 图字01-2018-2285号

On Descartes
Garrett Thomson

Copyright © 2014 by Wadsworth, a part of Cengage Learning.

Original edition published by Cengage Learning. All Rights Reserved. 本书原版由圣智学习出版公司出版。
版权所有，盗印必究。

Tsinghua University Press is authorized by Cengage Learning to publish and distribute exclusively this simplified Chinese edition. This edition is authorized for sale in the People's Republic of China only (excluding Hong Kong, Macao SAR and Taiwan). Unauthorized export of this edition is a violation of the Copyright Act. No part of this publication may be reproduced or distributed by any means, or stored in a database or retrieval system, without the prior written permission of the publisher.
本书中文简体字翻译版由圣智学习出版公司授权清华大学出版社独家出版发行。此版本仅限在中华人民共和国境内（不包括中国香港、澳门特别行政区及中国台湾）销售。未经授权的本书出口将被视为违反版权法的行为。未经出版者预先书面许可，不得以任何方式复制或发行本书的任何部分。

Cengage Learning Asia Pte. Ltd.
151 Lorong Chuan, #02-08 New Tech Park, Singapore 556741

本书中文译文为中华书局许可使用。
本书封面贴有 Cengage Learning 防伪标签，无标签者不得销售。
版权所有，侵权必究。举报：010-62782989，beiqinquan@tup.tsinghua.edu.cn。

图书在版编目（CIP）数据

笛卡尔 /（美）加勒特·汤姆森（Garrett Thomson）著；王军译. —北京：清华大学出版社，2019
（2023.2 重印）
（悦·读人生）
书名原文：On Descartes
ISBN 978-7-302-52530-1

Ⅰ.①笛… Ⅱ.①加…②王… Ⅲ.①笛卡尔（Descartes, Rene 1596-1650）—思想评论 Ⅳ.①B565.21

中国版本图书馆 CIP 数据核字（2019）第 045796 号

责任编辑：刘志彬
封面设计：李召霞
责任校对：王荣静
责任印制：沈　露

出版发行：清华大学出版社
　　　　　网　址：北京清华大学学研大厦 A 座
　　　　　http://www.tup.com.cn　　邮　编：100084
　　　　　社 总 机：010-83470000　　邮　购：010-62786544
　　　　　投稿与读者服务：010-62776969，c-service@tup.tsinghua.edu.cn
　　　　　质量反馈：010-62772015，zhiliang@tup.tsinghua.edu.cn
印 装 者：三河市东方印刷有限公司
经　　销：全国新华书店
开　　本：148mm×210mm　　印　张：5.625　　字　数：103 千字
版　　次：2019 年 5 月第 1 版　　印　次：2023 年 2 月第 4 次印刷
定　　价：35.00 元

产品编号：077051-01

笛卡尔

勒内·笛卡尔（René Descartes，1596—1650），法国哲学家，与斯宾诺莎、莱布尼茨被并称为欧陆三大理性主义哲学家。先后就读于耶稣会的拉弗莱什学校和普瓦捷大学。在荷兰军队服役和周游欧洲时，他就"随处对遇见的种种事物注意思考"。1629—1649年移居荷兰专心致力于哲学研究，并逐渐形成自己的思想。一生喜欢隐居，座右铭为"隐居得越深，生活得越好"。著有《第一哲学沉思集》《方法论》《哲学原理》等。

笛卡尔是个二元论者以及理性主义者，开拓了欧陆理性主义哲学。认为人类应该可以使用数学的方法——也就是理性——来进行哲学思考。他相信理性比感官的感受更可靠，推出了著名的哲学命题——"我思故我在"。

黑格尔称笛卡尔为"现代哲学之父"。

内容简介

　　本书首先简要介绍了笛卡尔的生平经历，并以此为线索，逐步展开，论述笛卡尔对于方法论、上帝、物质等概念的理解，帮助读者全面、系统地理解笛卡尔的思想世界，把握其富有启发性和包蕴性的思想。

总序

贺麟先生在抗战时期写道:"西洋哲学之传播到中国来,实在太晚!中国哲学界缺乏先知先觉人士及早认识西洋哲学的真面目,批评地介绍到中国来,这使得中国的学术文化实在吃亏不小。"[①] 贺麟先生主持的"西洋哲学名著翻译委员会"大力引进西方哲学,解放后商务印书馆出版的《汉译世界学术名著》的"哲学"和"政治学"系列以翻译引进西方哲学名著为主。20世纪80年代以来,三联书店、上海译文出版社、华夏出版社等大力翻译出版现代西方哲学著作,这些译著改变了中国学者对西方哲

---

① 贺麟. 当代中国哲学. 上海:上海书店,1945:26.

学知之甚少的局面。但也造成新的问题：西方哲学的译著即使被译为汉语，初学者也难以理解，或难以接受。王国维先生当年发现西方哲学中"可爱者不可信，可信者不可爱"，不少读者至今仍有这样体会。比如，有读者在网上说："对于研究者来说，原著和已经成为经典的研究性著作应是最该着力的地方。但哲学也需要普及，这样的哲学普及著作对于像我这样的哲学爱好者和初学者都很有意义，起码可以避免误解，尤其是那种自以为是的误解。只是这样的书还太少，尤其是国内著作。"这些话表达出读者的迫切需求。

为了克服西方哲学的研究和普及之间的隔阂，清华大学出版社引进翻译了国际著名教育出版巨头圣智学习集团的"华兹华斯哲学家丛书"（Wadsworth Philosophers）。"华兹华斯"是高等教育教科书的系列丛书，门类齐全，"哲学家丛书"是"人文社会科学类"中"哲学系列"的一种，现已出版88本。这套丛书集学术性与普及性于一体，每本书作者都是研究其所论述的哲学家的著名学者，发表过专业性很强的学术著作和论文，他们在为本丛书撰稿时以普及和入门为目的，用概要方式介绍哲学家主要思想，要言不烦，而又不泛泛而谈。因此这套书特点和要点突出，文字简明通俗，同时不失学术性，或评论哲学家的是非得失，或介绍哲学界的争议，每本书后还附有该哲学家著作和重要第二手研究著作的书目，供有兴趣读者作继续阅读之用。由于这些优点，这套丛书在国外是不可多得的哲学畅销书，不但是哲学教科书，而且是很多哲学业余爱好者的必读书。

"华兹华斯哲学家丛书"所介绍的，包括耶稣、佛陀等宗教创始人，沃斯通克拉夫特、艾茵·兰德等文学家，还包括老子、庄子等中国思想家。清华大学出版社从中精选出中国人亟须了解的主要西方哲学家，以及陀思妥耶夫斯基、梭罗和加缪等富有哲思的文学家和思想家，以飨读者。清华大学出版社非常重视哲学领域，引进出版的《大问题：简明哲学导论》等重磅图书奠定了在哲学领域的市场地位。这次引进翻译这套西文丛书，更会强化这一地位。现在越来越多的人认识到，在思想文化频繁交流的全球化时代，没有基本的西学知识，也不能真正懂得中华文化传统的精华，读一些西方哲学的书是青年学子的必修课，而且成为各种职业人继续教育的新时尚。清华大学出版社的出版物对弘扬祖国优秀文化传统和引领时代风尚起到积极推动作用，值得赞扬和支持。

张世英先生担任这套译丛的主编，他老当益壮，精神矍铄，认真负责地选译者，审译稿。张先生是我崇敬的前辈，多年聆听他的教导，这次与他的合作，更使我受益良多。这套丛书的各位译者都是学有专攻的知名学者或后起之秀，他们以深厚的学养和翻译经验为基础，翻译信实可靠，保持了原书详略得当、可读性强的特点。

本丛书共44册，之前在中华书局出版过，得到读者好评。

我看到这样一些网评："简明、流畅、通俗、易懂，即使你没有系统学过哲学，也能读懂"；"本书的脉络非常清晰，是一本通俗的入门书"；"集文化普及和学术研究为一体"；"要在一百来页中介绍清楚他的整个哲学体系，也只能是一种概述。但对于普通读者来说，这种概述很有意义，简单清晰的描述往往能解决很多阅读原著过程中出现的误解和迷惑"；等等。

这些评论让我感到欣慰，因为我深知哲学的普及读物比专业论著更难写。我在中学学几何时曾总结出这样的学习经验：不要满足于找到一道题的证明，而要找出步骤最少的证明，这才是最难、最有趣的智力训练。想不到学习哲学多年后也有了类似的学习经验：由简入繁易、化繁为简难。单从这一点看，柏拉图学园门楣上的题词"不懂几何者莫入此门"所言不虚。我先后撰写过十几本书，最厚的有八九十万字，但影响最大的只是两本30余万字的教科书。我主编过七八本书，最厚的有100多万字，但影响最大的是这套丛书中多种10万字左右的小册子。现在学术界以研究专著为学问，以随笔感想为时尚。我的理想是写学术性、有个性的教科书，用简明的思想、流畅的文字化解西方哲学著作烦琐晦涩的思想，同时保持其细致缜密的辨析和论证。为此，我最近提出了"中国大众的西方哲学"的主张。我自知"中国大众的西方哲学，现在还不是现实，而是一个实践的目标。本人实践的第一步是要用中文把现代西方哲学的一些片段和观点讲得清楚明白"[1]。欣闻清华大学出版社要修订再版这套译丛，每本书都是讲得清楚明白的思想家的深奥哲理。我相信这套丛书将更广泛地传播中国大众的西方哲学，使西方哲学融合在中国当代思想之中。

赵敦华
2019 年 4 月

---

[1] 详见赵敦华. 中国大众的现代西方哲学. 新华文摘，2013（17）：40.

序 | Preface

笛卡尔（Descartes）改变了我们关于世界的概念。他是一位具有远见卓识的思想家，在科学史上第一个提出了运用少数几条基本法则来理解所有物理变化的观念。他将这一强有力的观念运用于从天文学到解剖学等极为广阔的物理现象。他亲手研制镜片、观察星空、解剖尸体、用磁铁做试验，并且为把所有知识融为一个统一整体而孜孜不倦地阅读、思考和写作。

笛卡尔还致力于这一新科学的方法论和哲学意义。年轻时，他首先成为一名数学家，并以其数学经验为基础，创立了一种实用的研究方法和一般难题解决方法。时至中年，他试图揭开其事业的哲学面纱。他的怀疑方法是一种革命性的观念，这一观念有助于几代思想家从中世纪基督教思想的束缚下获得解放。当然，他也为使科学与宗教的共存成为可能做出了有益的努力。笛卡尔终生信奉天主教，在他看来，新科学与教会的重要教义可以协调起来。

在这些方面，笛卡尔都清晰地表达出了其他思想家也正在感受到的种种变化。欧洲正在经历一场导致科学诞生的深刻革命。每个时代都有其自己的假说，这种假说是众多思想家无法清楚地表达出来的，更谈不上对之进行批评性的检验了。笛卡尔具有令人吃惊的创造性思维，敢于向他所处时代占统治地位的关于人类生活和宇宙的观念提出挑战。本书就是要向读者呈现这种创造性的过程。

我愿将此书献给我的父亲——艾伦，在我的孩提时代，他就通过向我提问我是如何知道我存在的来促使我开始思考哲学和笛卡尔。

本书的完成还应归功于其他众多研究笛卡尔的著作。特别需要指出的是斯蒂芬·高克罗杰的《笛卡尔：一个知识分子的传记》（Stephen Gaukroger, *Descartes: An Intellectual Biography*）一书。还要感谢丹·科拉克（Dan Kolak）提供的所有帮助。

本书所引用的有关笛卡尔著作的参考书通常是指由查尔斯·亚当斯（Charles Adams）和保罗·坦纳利（Paul Tannery）编纂的 11 卷本的文集。引文将采用以下形式：AT V 28（AT 是亚当斯和坦纳利的缩写，V 为文集的卷数，28 为页码）。有关笛卡尔著作的其他文集也采用这种引用形式。

目录 Contents

总序

序

1 | 001　背景
历史背景 / 004

科学的缓慢诞生 / 007

2 | 013　隐居生活

3 | 029　方法论规则
规则 / 034

4 | 041　论世界
从物理学到形而上学 / 047

5 049 | 对怀疑的挑战

另外两个论证 / 058

作为工具的怀疑 / 061

6 065 | 我思

对"我思"的解释 / 068

对"我思"的著名批评 / 070

限定条件 / 072

7 073 | 上帝创造了世界

第一步：证明上帝的存在 / 075

第二步：重构知识 / 085

笛卡尔的循环论证 / 088

虚假信念 / 091

8 095 | 物质

推论 / 101

9 105 | 动物与机器

心灵的本质 / 108

思想的两个方面 / 111

内省性解释 / 112

心灵的因果分析 / 113

笛卡尔与动物 / 115
不明显的分界线 / 117
公开性 / 118

10 121 | **生活在机械世界里**
二元论存在的问题 / 128
其他本体论观点 / 131

11 135 | **身体的激情**
实体的统一 / 137
激情 / 141
伦理学 / 145

12 149 | **补遗**
两种论证存在的问题 / 150
这种观点存在的问题 / 152

参考书目 / 155

1

On Descartes ——— 背景

1609 年 8 月 21 日，伽利略（Galileo）第一次公开向世人展示望远镜。应邀前来的威尼斯官员们登上圣·马可大教堂（St. Mark）的塔顶。他们惊奇得说不出话来，因为他们能够看清用裸眼根本无法看到的船只。这第一架望远镜仅仅能够放大十倍。几个月以后，伽利略制造了一架能放大千倍的望远镜。他用这架望远镜观察夜间的天象，这次轮到他本人吃惊了：他看到了一个根本不同于以往所看见的宇宙。天空中布满了星星（有裸眼看到的十倍之多），银河系是一个巨大的恒星簇，月球上有众多的山脉。仅在一年之内，伽利略就发现了木星的四颗卫星。除此之外，他还能证实哥白尼（Copernicus）关于行星围绕太阳旋转的理论。传统观点假定地球是宇宙的中心，认为行星和恒星是围绕地球运转的，哥白尼对此提出了挑战。但是，这种传统观念此前曾在亚里士多德（Aristotle）和圣·托马斯·阿奎那（St.Thomas Aquinas）等人的权威性著作中得到认可。伽利略观察了金星的星相变化，这些变化只有假定金星是围绕太阳而不是围绕地球旋转的才能得到解释。

这些发现的力量是异常强大的，它们对中世纪的传统观念提出了挑战，以至于帕多瓦大学（Padua）的教授们甚至拒绝用望远镜来观察夜空。经过长期的审讯之后，1633年6月22日，伽利略因证实了哥白尼的假说而被判犯有坚持异端邪说和不服从教会的罪名。不要忘记1600年：哲学家乔达诺·布鲁诺（Giordano Bruno）由于持有异端邪说而被教会施以火刑，那年笛卡尔才4岁。

伽利略入狱的消息对笛卡尔产生了重大影响，他决定不再出版他正撰写的著作。在给友人梅森（Mersenne）的信中，他这样写道：

> 这一事件严重影响了我，几乎使我焚毁所有手稿，或者至少不再向任何人出示它们。

整个近代阶段上演的是一幕不同凡响的闹剧，闹剧的内容是两种世界观的剧烈争斗：方兴未艾的近代科学与中世纪宗教和经院思想的较量。从表面上看，故事告诉我们的是作为政治机构的教会权力日渐式微。而实际上，它所揭示的却是使得现代社会成为可能的观念革命。从根本上说，正是这场观念革命使我们最感兴趣，因为笛卡尔在其中扮演了重要角色。

历史背景

在缓慢的外部政治革命过程中，有几个重要的里程碑。首先是印刷术的发明。当越来越多的更为廉价的书籍开始流行的时候，教会机构之外更多的人开始对知识产生兴趣。一个属于自由思想家的欧洲社会缓慢地出现了，这些思想家彼此之间进行着交流。

第二个里程碑发生在1517年10月31日，那时路德（Luther）将他的"95条论纲"张贴在维登堡教堂（Wittenburg）的大门上。路德对教会借口募集资金整修圣·彼得教堂（St. Peters）而兜售的赎罪券极为反感。起初，他公开为教会改革而战斗。他的著作在德国被印装成册并得到广泛传播。最终，路德放弃了从内部改革天主教教会的主张，而是建立了一个新教会，这导致了整个欧洲新教基督徒教派的激增。

第三个里程碑是国家与教会更大程度的分离，特别是在北欧地区。在中世纪，教会是欧洲最有权力和最富有的机构，由教皇来任免国王和皇帝。教会为了神圣战争、为了维系自己的上层建筑和政权,向各国征收赋税。路德之后,许多北欧国家从罗马教会独立出来,而新建立的新教教会则从属于国家。例如,亨利八世在1531年建立了英格兰教会。正如戈登堡的印刷术造就了路德一样,路德造就了亨利八世。

这些外部变化与人们关于宇宙观念的深刻变化密切相关。在中世纪,只有极少数人拥有学习的权利,而且,在欧洲的大部分地区,只有通过教会才能获得这种权利。中世纪关于宇宙的总体图景,在几个世纪的时间里变化甚少。地球被看成是宇宙的绝对中心,有七个球状或半球状的星体围绕着地球运转。宇宙被看成是由四种元素组成的,即土、水、气和火。

教会所担心的是对权威信念的任何偏离。从某种程度上说,教会真正担忧的是自由思想将摧毁信仰的基础,并致使更多的人起而谴责它。1586年,耶稣教会颁布下列教义:"在逻辑、自然哲学、伦理学和形而上学等方面,应当遵循亚里士多德的教导。"耶稣教会的一份公告也声称:"未经与修道院院长或红衣主教协商,任何人不得在哲学和神学中宣扬新观点……所有教授均需遵从此类规定……这不仅仅是告诫,而且也是我们强加的教诲。"[①]各种研究充斥于《圣经》以及亚里士多德和圣·托马斯·阿奎那等人的经典文献中,而争论却在于对这些文献的引证和演绎推理。笛卡尔本人在一所耶稣会学院中从事研究,尽管他一生保持了对耶稣会的忠诚,但他却是最终彻底破坏这种封闭思想的先锋。

这些席卷欧洲的变化起源于丰富的阿拉伯文化。阿拉伯人的观念通过欧洲得到传播，原因在于它们出现在西班牙和西西里，还由于十字军东征。例如，中国发明的造纸术经由阿拉伯传到欧洲。学会造纸的年代顺序大致是这样的：707年麦加；800年埃及；959年西班牙；1102年西西里；1154年意大利；1228年德国；1309年英格兰。[②]除此之外，阿拉伯人还将古希腊文化带回欧洲。中世纪早期的欧洲，对希腊文化并不熟悉，特别是亚里士多德的著述并不广为人知。这些著作被译成拉丁文，在12世纪曾掀起了一场小规模的文艺复兴。亚里士多德以及阿拉伯思想家阿维森纳（Avicenna）和阿威罗伊（Averroes）等人的科学著作，强调观察、经验以及逻辑论证的重要性。这些著作反对早期的罗马—柏拉图传统所具有的抽象思辨。

由于圣·托马斯·阿奎那（1226—1274）的非凡思维，教会得以利用亚里士多德的思想并使其思想皈依正统思想。13世纪，亚里士多德的著作成为通用的哲学教材，这些著作主要强调规范化的逻辑论证。阿奎那试图将基督教的神示内容与亚里士多德的世俗知识协调起来，并试图展示神学主张与理性要求之间的一致性。他的《神学大全》（*Summa Theologica*）成为介绍神学的主要教科书。

整个15、16世纪，理性思想越来越独立于基督教，哲学将自己从神学中分离出来。与此同时，欧洲变得更加富有，一个新的中间阶级发展起来，这一阶级包括致力于在教会机构之外从事研究的专业人员。而且，意大利的文艺复兴导致了希腊古典著作翻译作品的迅速增加，欧洲社会开始熟悉希腊的戏剧、诗歌和历史。艺术也因此得到繁荣，整个欧洲呈现出一种清新的氛围，并充满对学习知识的热切渴望。

到 16 世纪结束时，革命性变革的条件已经成熟，近代即将诞生。近代科学和哲学开始取代亚里士多德的经院主义。也许有三个人物在导致这些变化中起了最重要的作用，他们是伽利略、弗朗西斯·培根（Francis Bacon）和笛卡尔。

科学的缓慢诞生

教会与伽利略之间的冲突焦点到底是什么？稍做回顾便不难发现，教会坚持地球是静止的观点似乎让人颇感奇怪。教会为什么要固执己见呢？

冲突的层面之一实际上是权威问题。直到 16 世纪晚期，学术论证有一个共同的形式，这就是从诸如亚里士多德的著作和《圣经》等权威性文献中援引大量相关的支持性论据和参考资料；教会则以其传统的权威为基础进行论证。然而，诸如天文学等正在出现的新科学，却没有给来自权威的论据提供空间，它们所依据的是观察和理性思考。英国哲学家弗朗西斯·培根强烈反对基于权威的论证。为了不带偏见和迷信色彩去考察宇宙万物，新科学需要摆脱权威，获得自由。

不管怎样，权威问题只是冲突的一部分。整个宇宙以及人类存在的图景都是问题之所在。根据传统基督教的观点，宇宙是由上帝创造的一件半有机物手工制品，其中充满预兆和神迹。近代科学则开始描绘一幅与之完全不同的图景，它似乎要把宇宙描述为一个完全的物质世界，其中的所有变化都是机械变化。这样一幅宇宙图景没有给灵魂以及上帝留下任何空间，这使宗教面临着成为多余之物的威胁。无疑是太危险了。

我们应该将近代以来对教会和经院传统提出的挑战理解为对自然进行不同解释的争论。如何解释自然现象呢？对自然的传统解释方法是以亚里士多德的四因说为基础的：即质料因、形式因、动力因和目的因。我们可以根据下列原因对客体做出解释：

　　a）质料因，即它是由什么组成的？（例如，"球反弹是因为它是由橡胶制成的"）；或者，

　　b）形式因，即它是如何构造的？（例如，"球沿斜坡滚下来是因为它是球状的"）；或者，

　　c）动力因，即什么导致了它的产生？（例如，"球沿着地板滚动是因为它受到了推力"）；或者最后，

　　d）目的因，即它的目的；最终，我们必须按照球的用途来解释其存在和特点。

人们传统上将目的因看作四种原因中最基本的原因。事物应该根据其目的得到解释。中世纪的许多思想家试图依据上帝的意志来解释自然现象，如石块的下落、行星的运动等。按照这种解释，自然界成为上帝的手工制品。笛卡尔否认上述四种原因，他认为，目的因并不能用于对物质进行研究。笛卡尔的观点有助于我们用物理的因果法则来取代目的解释。

笛卡尔同样反对形式因的解释方法，因为在这一范围内，要求使用亚里士多德关于物质、形式和匮乏的原理。根据这一原理，所有变化都不过是形式的获得和丧失。事物的形式就是它的现实性；其质料就是它的潜能；而其匮乏就是它不具有的形式。因而，例如，当水由冷变热时，它获得了热的形式。实体形式与非本质形式相对。一种事物若存在，它的某些形式就不会丧失。这类形式构成其本质。附加给质料的实体形式构成了某种即将来临的新事物。例如，人的实体形式是一个理性的动物。当他的实体形式与其质料相混合时，一个新人便被创造出来。笛卡尔反对说，这种形式因不能解释任何事情。以水获得热的形式来试图解释水温升高的原因，等于没有进行任何解释。

中世纪传统将宇宙构想成一个等级森严、具有不同层面的存在物的整体组织。在这些存在物的不同层次之间，在宏观宇宙与微观的人之间，存在着密切关系或联系。因此，可以把宇宙和自然现象理解为与人体或生命有机体相类似的事物。这就是宇宙包含着特殊的秘密信号的缘故。例如，帕拉塞尔乌斯

（Paracelus）写道："植物唐菖蒲的根块裹在盔甲似的包膜中。这是一个奇迹般的信号，它表明正是这种盔甲似的包膜具有防止武器进攻的保护作用。"③

我们可以将上述主张与笛卡尔对自然进行量化的尝试做一下比较。根据笛卡尔的观点，对于自然的研究仅应该考虑它与世界的可量化属性之间的关系，例如大小、形状和运动等。这就将所有自然界的事物放到了同一层面上，服从同样的物理规律。它意味着，事物的差别仅仅表现在量上。

这种量化思想暗含着对传统的四种基本元素——土、水、气和火——的否定。亚里士多德认为，这四种元素具有"热与冷"和"湿与干"这两对对立物的特征。而笛卡尔却认为，只存在一种物质，并且它的所有属性就是其广延的变体。笛卡尔反对利用这四种元素的属性所进行的传统解释。他说：

> 将它们的实在性质、实体形式、元素和其他所有数不清的假设与我的唯一假设"所有物体都是由部分组成的"进行比较……对此我要增加的是，这些部分……是一种形态而不是另一种形态的部分。（AT II 200）

我们已经看到，笛卡尔反对那个时代共同奉行的四种解释方式：目的、形式、密切关系和四种元素。他用机械的或因果的解释来取代这些解释。根据它们所给予的不同解释，我们可以很好地理解传统的中世纪与近代科学的宇宙观之间的冲突。

某些限定条件

1600年前后，时代精神开始发生变化。观察和理性破坏了诉诸权威的根基。科学提供了一种对于自然事件的新解释。笛卡尔体现了新时代的乐观主义。通过对自然的理解，人类将有能力更多地改善自己的处境。通过对自我的理解，我们将会获得更多的自由。

笛卡尔还使这一转型时代的问题具体化了。那个时代，尽管思想家们反对经院主义，但却很少有科学的思想家会从整体上反对宗教思想。那么，如何将这种新科学与宗教协调起来呢？由于这两种世界观发生冲突，思想家需要回归基本原理。这些变化导致了现在被称为认识论的哲学分支学科的产生，所谓认识论就是对知识本身的哲学研究。由于人们对许多问题心存疑虑，因而揭开知识的基础就成为至关重要的事情。对知识的来源和标准进行有意识的反思，是近代的标志之一。这在很大程度上要归功于笛卡尔。他写道：

○ 再没有比提出寻求确定人类知识的性质和范围更为有用的探索了。（AT X 397）

这就是笛卡尔在许多方面集中于探讨时代变化的缘故。他看到了从方法论和系统性上评估所有关于知识的观点的必要性,看到了思考知识如何成为可能的必要性,也看到了协调新科学与旧宗教之间冲突的必要性。

这些变化是逐渐发生的,是带有间歇性的。而且,尽管与过去彻底决裂了,笛卡尔时代的科学仍然有别于今天的科学。那时,科学与哲学之间没有明确的区分。"科学"一词保留了它最初的含义:知识。关于自然的研究通常被称为"自然哲学"。我们今天称为科学模式和方法的东西,是一项取得巨大进步的工作。尽管笛卡尔是从经院主义到当今的科学方法转变过程中的主要先锋之一,他自己的思想中仍然包含着许多中世纪的成分。

注释:

① 罗杰·埃里欧:《笛卡尔与经院哲学》,见约翰·科廷厄姆主编的《笛卡尔的剑桥朋友》,剑桥,1992 年,第 65 页。
② 威尔·杜兰特:《忠实的年代》,西蒙和舒斯特,1950 年,第 236 页。
③ 约翰·科廷厄姆:《笛卡尔》,布莱克维尔,1986 年,第 22 页。

2

On Descartes ———— 隐居生活

笛卡尔是一位不愿公开露面、行为隐密、喜欢隐居的人，其座右铭是"隐居得越深，生活得越好"。为了把自己更好地隐藏起来，笛卡尔成年时期在荷兰生活期间曾多次更换寓所。1629 年，在概括自己的生活时，他这样写道，"为了探听人们正在谈论的话题，我决意过一种隐居生活"（AT I 70）。1619 年至 1620 年，是笛卡尔一生比较重要的一段时期，他在私人笔记中这样写道：

○   演员们戴着面罩，他们受到的教育是不得将难堪流露在面部。我要做同样的事情。到目前为止，我一直是世界这个大舞台上的观众，但是，现在我要戴着面具登上这个舞台了。（AT X 213）

然而，在后来的生活中，他却身陷各种纠纷之中。诚然，笛卡尔有许多自相矛盾的观点，但他仍然吸引了那些喜好高谈阔论的学生们，这些学生比他本人更为直言不讳。同样，虽然他是一个天主教教徒，却选择在信奉新教的荷兰和瑞典生活。然而在这方面，笛卡尔的生活是成功的。尽管笛卡尔的观点比被判有罪的伽利略的观点更有争议，但在有生之年，他却尽力避免与天主教会发生大的冲突。1663年，教会将笛卡尔的著作列入禁书黑名单。也正是在这一年，他的物理学在欧洲大部分地区被接受。笛卡尔所希望的是，他的物理学或者自然哲学能够在不招致教会愤怒的情况下为人们所接受。

笛卡尔在1596年3月31日出生的那一天就差点儿死掉。他母亲的肺结核遗传给了他。这个新生儿咳嗽得很厉害，医生说他已经没有存活的希望了。在他出生14个月以后，他母亲不幸去世。笛卡尔的父亲是地区议会的一名顾问，他在笛卡尔母亲去世后移居雷恩，并于1600年再婚。笛卡尔是由外祖母带大的。在1610年外祖母去世后，除了与姐姐让娜有联系以外，笛卡尔就很少与他的家人有联系了。10岁时，即1606年，他开始寄宿在耶稣会贵族学校德·拉·弗莱什学校。这所贵族学校是由亨利四世赞助创办的。在学校里由于要受许多规章的约束，寄宿者很少有机会到学校外面去。

1614年笛卡尔离开拉·弗莱什（La Flèche）。他有可能在巴黎附近的圣日尔曼市（St. Germain-en-lay）独自生活了一年。值得一提的是，地方皇家花园里有许多洞穴和喷泉，那些喷泉中有依靠水压推动的各种移动造型。这有可能是激励笛卡尔在《人论》(*Treatise on Man*)中对各种装置进行描述的因素。

1615年，笛卡尔进入普瓦捷大学（Poitiers）学习法律。从他的毕业论文献辞中，我们可以瞥见他的性格。根据这篇献辞来看，他"渴望最热烈的、湍流般的雄辩。但是，当这些雄辩之流使一个人渴望获得更多的知识而不是压制这种渴望时，它们却丝毫不能使我得到满足"。似乎此时笛卡尔对自己的职业取向还是模糊的。在尚未完全放弃获得一份合法职业的想法下，他在1618年加入了荷兰军队，成为一名绅士士兵。根据笛卡尔自己的叙述，他很懒惰，而且"处在骚动不安且没有受过教育的士兵们中间"，毫无幸福可言。

驻扎布雷达（Breda）期间，笛卡尔在1618年11月10日与艾萨克·比克曼（Isaac Beeckman）相遇。比克曼改变了笛卡尔的生活。二人的相遇很偶然，在观看公告栏的数学问题时，笛卡尔请比克曼为他翻译佛莱芒语（Flemish）。他们很快就发现了二人在数学上的共同兴趣。在第二天的日记中，比克曼写下了这样一句话："物理—数学家是非常少见的。"他们两人都从未碰到其他能以如此精确的方式将物理学和数学结合在一起的人。当时，比克曼正在从事粒子物理学的研究，他成为笛卡尔的导师。稍后（1619年3月23日）笛卡尔在给比克曼的信中说：

○ 事实上你是将我从冷漠中唤醒的人……当我的心正在偏离重大问题时，正是你将我引入正途。

在 1618 年 11 月至 1619 年 1 月这段日子里，两人开始在落体和流体静力学等项目上进行合作。由比克曼提出问题和思路，笛卡尔进行解答。1619 年 1 月，笛卡尔将其《音乐提要》（*Compendium Musicae*）的手稿献给比克曼。这本书的主要内容是将音程看成数学上的比例，以数学方法来解决音程问题。它最值得称道的地方或许在于展示了使音量明显增加时的音质状况。

1619 年 3 月，为加入巴伐利亚马克西米连公爵的军队，笛卡尔来到德国。他经常与比克曼通信，3 月 26 日他写道，经过 6 天的紧张工作，他在数学上有了四个重大发现。

1619 年冬季，笛卡尔是在德国的乌尔姆度过的。1619 年 11 月 10 日，笛卡尔产生了一系列幻觉或梦幻，这些幻觉或梦幻有助于他明确自己的生活和工作。对此，我们将在下一章详述。这一事件标志着笛卡尔作为一位知名思想家工作的开端。他指出，在这一天，他找到了"关于奇妙的发现的基本规则"（AT X 373）。1619 年 11 月之前,笛卡尔的兴趣主要集中在数学方面，而且他对有关普遍的数学方法的观念没有给予足够的重视。而此后，他则致力于为全部科学找到解决问题的方法。有关这方面的详细情况，将在下一章介绍。

为方便起见,笔者将笛卡尔以后的生活划分为五个时期:

游历与巴黎(1619—1629年)

自从那次产生幻觉或做梦之后,也就是在1620年间,笛卡尔开始投入更多的精力撰写《指导心智的规则》(Rules for the Direction of the Mind)一书。17世纪20年代早期,笛卡尔曾去过德国、荷兰、意大利和法国,在游历上消磨了大量时光。1625年下半年以后,他居住在巴黎,一直到1628年至1629年间的冬季,这期间他过着一种绅士般的社交生活。在巴黎逗留的这段时光是非常重要的,因为笛卡尔开始结识其他进步思想家,并成为梅森和米多热(Mydorge)的挚友。这两个人都是数学家,而且都曾是拉·弗莱什公学的学生。可能正是在这段时间里,笛卡尔开始对光学产生兴趣,而且发现了折射规律。大约在1627年,在友人梅森的影响下笛卡尔恢复了对物理机械的兴趣,他重新开始《指导心智的规则》一书的撰写工作。但到此时,笛卡尔对数学的兴趣正在消失。1628年10月,笛卡尔拜访了老朋友比克曼,说他自己"在算术和几何方面没有更多的发现"。他放弃了《指导心智的规则》一书的写作而开始了一项更为雄心勃勃的计划。

荷兰：早期阶段（1629—1637年）

1629年初，笛卡尔移居荷兰，据说他喜欢这里的气候，喜欢这里比较安静和与世隔绝的生活。在巴黎，要想拥有不被打扰的生活是很困难的。很显然，他在巴黎获得了一定的名望，曾有很多人去拜访他。从他做梦到现在已经过去10年了，而他尚未兑现创立自己的科学和哲学方法的承诺。在开始几个其他小型研究项目之后，笛卡尔在1630年4月写信给梅森：

> 你可能会对我没有坚持在巴黎时即已开始的那本论文集的写作感到奇怪。原因是……我不得不开始一个新的项目，它比第一个更为宏大。（AT I 137）

这一项目指的就是后来成为笛卡尔经典著作的《论世界》（The World）一书，这是一本在物理学方面涉猎广泛而颇具前瞻性的著作。尽管笛卡尔在荷兰有许多朋友，但他仍然不愿让包括米多热在内的许多人知道他的住所。对于笛卡尔来说，这是一段繁忙时期。他每周要花一天时间写信，借此来引发哲学讨论。他把主要精力花费在光学和生理学试验方面，很少有时间去读书。据说，当有人问及他的图书馆时，笛卡尔曾用手指向他买来用于解剖的尸体。伴随着《论世界》诞生的是有关解剖学和生理学的名为《人论》的论文集。然而，就在这本书于

1633年出版前不久，笛卡尔得知伽利略被宗教法庭判罪的消息。由于害怕与伽利略一样遭到教会的谴责，他极其谨慎地隐瞒着自己的真实思想。

这是笛卡尔生活中的一个转折点。在伽利略遭教会谴责以后的日子里，虽然笛卡尔的观点总是包含着形而上学的东西，但是，他还是越来越多地看到了给予其自然哲学一种形而上学基础的必要性。此时，笛卡尔还有两本主要著作没有完成和出版。为了向公众提出他的物理学，笛卡尔开始着手写作一篇有关气象学的论文。另外，他还决定将现有有关光学的一些资料整理成论文。1635年，他的朋友勒内利（Reneri）开始在乌德勒支大学（Utrecht）讲授笛卡尔的自然哲学。也许，这一事实激励笛卡尔带有更大的紧迫感去完成他早期一些资料的修订工作。1636年春，也许是担心法国数学家费马（Fermat）抢在他之前出版相关成果的缘故，笛卡尔决定整理一篇有关代数和几何的论文。与此同时，在1635年至1636年的冬季，笛卡尔决定发表一篇介绍性论文，以此来对其他专业著作进行补充。这篇论文的全名就叫《论正确地运用自己的理性在各门学问里寻求真理的方法》（*Discourse on the Method of rightly conducting one's reason and seeking the truth in the sciences*），简称《方法论》（*Discourse on the Method*）。这是一篇自传体论文。笛卡尔之所以选择这种写作手法，一方面是因为其他人有可能"模仿他们认为有价值的东西"。另一方面在于，笛卡尔希望他的著作能够被人们广泛接受。为此，他没有使用那时人们通常使用的拉丁语，而专门使用法语进行写作。

1634年10月15日，笛卡尔忙于与另一个法国人的交往。这一时期，他寄宿于阿姆斯特丹法语学校教师托马斯·萨金特（Thomas Sargeant）那里。就在前面提到的那个周末的夜晚，笛卡尔爱上了少女埃莱娜（Hélène）。1635年7月19日，他们的女儿弗朗辛（Francine）来到人世。

荷兰：幸福时光（1637—1640年）

1637年8月，就在《方法论》一书出版时，笛卡尔携埃莱娜和假扮成他侄女的弗朗辛来到靠近哈勒姆的荷兰海岸，他在这里一直待到1639年底。或许这是笛卡尔一生中最幸福的一段时光。笛卡尔表现出对自己的仪表以及健康的极大关注。起初，他用了大量时间来处理信件，主要是应对《方法论》一书的反对意见。他也经常到一个牧草园里从事耕作，解剖动物尸体，对他的著作进行评注，对诸如滑轮、杠杆以及齿轮等各个简单机械的物理原理做出解释等等。

大约在1638年，笛卡尔开始《第一哲学沉思集》（The Meditations on First Philosophy）（以下简称《沉思集》）的写作，这是他的一部主要著作。关于这部著作，他在1641年1月28日给挚友梅森的信中是这样说的：

我可以告诉你（仅限于你我之间），这六篇沉思包含了我的物理学的全部基础。其实也没有必要那样说，如果你乐意的话，可以说是因为这些沉思会使那些喜欢用亚里士多德来证明它们的人们感觉困难更大一些。我希望那些阅读了这些沉思的人们，能够逐渐地使自己习惯于我的原则。并希望他们能在注意到这些原则破坏了亚里士多德的原则之前，就认识到其中存在的真理。（AT III 297）

《沉思集》使得笛卡尔的物理学具有了形而上学和认识论基础。很明显，笛卡尔希望教会能够支持他的工作。首先，我们从书名以及包含感谢索邦神学院神学系的前言中，可以看到这一点。著作的全称是"第一哲学沉思集——关于上帝的存在和人的灵魂与肉体区别的证明"。其次，笛卡尔的物理学隐含着地球不是太阳系的静止中心的观点，但他并未对此做出明确陈述。笛卡尔在出版这部著作时，表现出了一种革新思想。他将那个时代最主要的思想家的反驳文章以及他自己的答复都同时出版。1642年的第二版包括了七组反驳文章和笛卡尔本人的答复。

笛卡尔个人的幸福时光于1640年9月戛然而止，因为他的女儿弗朗辛死于热病。笛卡尔说，女儿的死是"他一生中经历的最大不幸"。

荷兰：成熟时期（1640—1644年）

女儿死后，笛卡尔的生活进入另一个阶段。我们没有听到更多关于埃莱娜的消息。笛卡尔移居靠近莱顿的一座城堡，而且开始喜欢上一种与过去相比稍有点放纵的生活。这一时期，笛卡尔陷入一场不受欢迎的宗教争论，这场争论是在他与乌德勒支大学神学教授沃埃特（Voetius）之间展开的。很显然，笛卡尔所关心的是他的著作是否被人们所接受。也许为了有助于获得信任，他才出版了《沉思集》的反驳文章以及他自己的答复。不过，为避免麻烦缠身，这部著作是用拉丁文出版的。但是，笛卡尔的追随者勒卢阿（Regius）却不如笛卡尔那么谨慎。1640年，勒卢阿将笛卡尔哲学的一些命题公之于众，进行公开讨论。笛卡尔试图表明他的哲学是可以与正统思想相协调的，但却卷入一场与乌德勒支大学神学教授沃埃特的争论。结果，1643年6月乌德勒支法庭指控笛卡尔犯有诽谤神职人员罪。指控虽然被证明是错误的，但却使得笛卡尔在荷兰的生活变得步履维艰。

这场激烈争论耗费了笛卡尔大量精力。他在1643年5月所写的一封题为"关于与沃埃特争论及笛卡尔的辩护说明"的公开信，竟然长达200页。这一事件一定打断了笛卡尔自1641年就已经开始的《哲学原理》(*Principles of Philosophy*)一书的写作。同时，也有可能正是在这一时期，笛卡尔从事着未完成的对话录《真理的探求》(The Search for Truth)的写作,这部著作保存下来的仅有一部分。尽管出现了这些中断,但到1644年时,《哲学原理》一书已经做好了出版准备。这部著作包括四个部分,是笛卡尔自然哲学和形而上学的完整阐述。而且,这部著作采用的是与当时标准版本不同的教科书形式。请不要忘记笛卡尔那部关于物理学的主要著作《论世界》,在他的有生之年这部著作并没有公开出版。尽管《哲学原理》一书具有很强的综合性,但是,该部著作的第五、第六两部分(据说是涉及生命存在物和人等内容的),却没有完成。

这一时期,笛卡尔开始与波希米亚伊丽莎白公主(Elizabeth of Bohomia)交往。伊丽莎白公主一家1620年被流放到荷兰,那时她才两岁。她的家庭并不富裕,家里人想为她找到一个政治上门当户对的婚姻,但最终失败了。因此,伊丽莎白公主终生未婚。她是一个求知欲很强的人,大约从1643年5月前后开始,她一直与笛卡尔保持着联系,当然,大多数是书信往来。也许,笛卡尔深深地爱上了这个将他视为精神和知识导师的年轻公主。他在写给她的信中有时流露出让人吃惊的亲密。不管怎样,她改变了他的生活。

后来的日子(1644—1650年)

大约在1645年,笛卡尔与伊丽莎白公主的联系在中断了一段时间后又得以恢复，他对情感的兴趣进一步增加。正是伊丽莎白促使笛卡尔更多地思考他的身心关系观点的实际意义。他将更多的兴趣集中于心灵对肉体的影响，而不是肉体对心灵的影响。换言之，他对感情的思考少了一些生理因素，而多了一些人本主义因素。他的《论情感》(*The Passions*)一书就有可能写于1645年到1646年间。

1646年8月，笛卡尔最后一次拜访伊丽莎白公主。在公主的哥哥杀死了一名法国官员之后，她们一家已经离开了荷兰。公主的搬迁使笛卡尔心绪不宁。1647年5月10日，笛卡尔游历到法国，在给伊丽莎白的信中，他写道：

> 收到殿下（指公主）的信，我心中燃起了希望，我总以为你会在夏季结束时回到海牙。事实上，我可以坦白，这是我宁愿生活在这个国家而不是其他国家的主要原因……一群神学家，经院哲学的追随者们，似乎已经结成了联盟，企图使我屈从于他们的诽谤。

当笛卡尔与沃埃特之间的争论结束时，莱顿大学（Leiden）又发生了一场新争论。笛卡尔的一个追随者已经开始讲授他的哲学，这招致了神学教授们的批判，这些神学教授对笛卡尔提出了种种指控。

这一时期，笛卡尔又恢复了对解剖学的兴趣。他从事解剖工作，并写了一篇题为《人体描述》(*A Description of the Human Body*) 的短论。1648 年，笛卡尔发表了《反对一项计划的笔记》(*Notes against a Program*)。早些时候，也就是在 1645 年，笛卡尔的追随者勒卢阿把自己所著的一本物理学书送给笛卡尔。笛卡尔认为，这本书中有许多严重错误。然而，勒卢阿没有听从笛卡尔的建议，于 1646 年出版该书。于是，笛卡尔在随后的一年里，在《哲学原理》一书的法文版前言中声称："我不得不彻底否定他的著作。"写作《反对一项计划的笔记》的目的，就是要揭露勒卢阿方法上的错误，即离开合适的形而上学基础从事自然哲学研究。1648 年 4 月，一个名叫弗朗斯·比尔曼（Franz Burman）的年仅 20 岁的学生与笛卡尔一同进餐并与他进行了谈话。虽然这次谈话的记录不得而知，而且在大约 250 年的时间里没有公开发表，但却成为笛卡尔的哲学遗产的组成部分之一。

这段时间，笛卡尔越来越清楚地意识到，伊丽莎白不会再回到荷兰了。于是，他开始考虑移居法国。1648 年 5 月，他再次访问巴黎。但此时的巴黎正处于叛乱之中，笛卡尔不得不离开。他决定移居瑞典。1645 年，笛卡尔的一个朋友兼崇拜者沙尼（Chanut），出任法国驻瑞典的联络官，后来又成为大使。在瑞典女王克里斯蒂娜（Christina）的王宫里，沙尼在女王和笛卡尔两人之间进行了斡旋。到 1646 年时，笛卡尔感到，他在荷兰所遭受的迫害足以糟糕到使他不得不考虑寻求瑞典女王的庇护。或许笛卡尔认为，他能在瑞典获得属于他的荣誉。起初，笛卡尔还在犹豫。但最终，他还是接受了邀请，克里斯蒂娜女王派遣一艘战舰和一位海军上将去接他。1649年10月1日，笛卡尔到达瑞典。女王打算册封笛卡尔为王宫里的一名瑞典贵族。开始，笛卡尔几乎没有什么工作可做。他不得不对尚未完成的一些资料进行整理，并着手组建瑞典皇家学者研究院。然而，1650年1月，他开始给女王讲授哲学，每周三次，共五个小时，从早晨5点开始讲授。多少年来，笛卡尔已经养成了床上晨读和写作的习惯。而如今，他需要在早晨4点半乘马车到达王宫。而且，瑞典的冬季又特别寒冷。沙尼得了肺炎，笛卡尔帮忙照料他。不幸的是，笛卡尔自己也在2月1日染上肺炎。1650年2月11日，笛卡尔离开了人世。即使在其死后，笛卡尔仍然受到人们的非议，原因是克里斯蒂娜女王在1652年改奉了天主教。笛卡尔和沙尼均遭到瑞典路德会教友的指控，罪名为企图改变女王的信仰。

这里有一份笛卡尔主要著作的清单：《指导心智的规则》（1629）、《论世界》（1634）、《方法论》（1637）、《第一哲学沉思集》（1641，包括六篇反驳和答复）、《哲学原理》（1644）、《反对一项计划的笔记》（1647）、《人体描述》（1648）、《灵魂的激情》（*Passions of the Soul*）（1649）等。对于这份清单，我们还应加上笛卡尔没有完成的对话录《真理的探求》，这篇对话录在他死后出版。同时还有 1648 年比尔曼（Burman）与笛卡尔的谈话笔记，名为《对话》(The Conversation)。当然，还应把笛卡尔倾毕生精力所写的有关哲学问题的许多书信加入其中。

纵观笛卡尔的一生，我们可以将他的知识旅程划分为四个重要阶段：作为一个年轻人，他把更多兴趣集中在我们现在称之为应用数学的学科方面，他掌握了数学问题的解决方法。他在很小的时候就已形成这样的思想，即他的新数学方法可以应用到其他知识领域，而且全部科学应当统一起来。大约在 1629 年前后，他开始潜心投入科学或自然哲学工作，这是他第二阶段的生活的开端。这一时期，他主要从事《论世界》的写作。1633 年伽利略被判有罪也许导致了下一阶段即第三阶段的到来。在这一阶段，笛卡尔更积极地把兴趣集中在阐述其自然哲学的形而上学基础上。这一时期，他写了《方法论》《沉思集》以及《哲学原理》等著作。大约在 1644 年前后，笛卡尔进入了他知识生涯的最后阶段，即第四个阶段。在这一阶段，他更为关注的是其哲学在人类生活及伦理学方面的应用。尽管他思考的着重点发生了某些变化，在一些重要细节上也存在着差别，但是，他的著作在多大程度上是一个连续的整体，仍然是非常重要的问题。我们可以在他早期的笔记中找到他在后来的著作中所阐述的关于情感问题的线索。正如整个鲜花都包含在种子中一样。

3

On Descartes ——— **方法论规则**

在1619年11月10日那个寒冷的夜晚,在巴伐利亚靠近乌尔姆的地方,笛卡尔做了三个梦。这些梦清楚地揭示了他的人生使命。为了逃避寒冷,笛卡尔把自己关在一间用小火炉取暖的房间里。那一天,笛卡尔陷入了深深的沉思,并开始对自己的信念产生怀疑。几小时的紧张努力使他产生了关于科学统一即所有知识统一的惊人新发现:他感到自己掌握了一门非凡的新科学,这门科学可以驱除当前的所有困惑。

就在他连续做了三个梦的那个夜晚,笛卡尔感到,这些梦正是有关他的职业的神圣启示。在第一个梦里,他看到自己在旋风里蹒跚,而这股旋风对其他人似乎没有什么影响。他被惊醒后便祈求保护，在重新入睡之前陷入对善恶的沉思，折腾了大约两个小时。一阵刺耳的喧闹再次把他惊醒，他看到房间里充满了亮光。显然，这种情形过去也曾发生过。眨了几次眼之后，他又睡着了。第三个梦更为复杂，有几本书，还有一个陌生人给了他一首以"是与否"开头的诗。其中一本是百科全书，笛卡尔认为它代表了众多科学的统一。那首以"是与否"开头的诗，即毕达哥拉斯（Pythagoras）的"Yes and No"，代表了真理与谬误。笛卡尔将这些梦理解为一种启示，即他的著作应该根据几何学原理将所有知识统一起来。

这些梦有助于我们理解笛卡尔作为一个哲学家的动机。他的幻觉就是要找到一种方法，这种方法能够使他根据一些基本原理来解释所有自然现象。然而，对于笛卡尔来说，这一有关科学的幻觉是神给予他的。根据他的观点，幻觉的内容不能与其来源发生冲突。因而，他未来的有关科学的著作，应该能够与教会的基本教义协调一致。为了感激他的幻觉，大约在1624年，笛卡尔特地到洛雷托圣母玛利亚神殿进行朝拜。

有了这种经历，笛卡尔便开始寻找能够揭开宇宙奥秘并展示科学统一的方法。但是，他早期的著作仍然是零星的，而且主要集中在数学方面。1622年5月，笛卡尔变卖了父亲留给他的家产。他可以自由地去做自己想做的事情了。事实上，他将随后四年左右的时间用于游历，直到1626年定居巴黎。在主要记录这些经历的《方法论》一书中，笛卡尔写道，为了创立他的方法,必须找到哲学的确定性,为此,他需要做更多的准备工作。

准备工作一直持续到 1628 年秋,这时,笛卡尔应邀出席化学家尚多尤(Chandoux)在巴黎举行的一次讨论会。尚多尤批评经院哲学的发言令与会者大为倾倒,但笛卡尔的发言更令听众折服。笛卡尔认为,为了达到某种确定性,哲学需要一种新方法。笛卡尔的发言给红衣主教皮埃尔·贝吕勒(Pierre Bérulle)留下了深刻印象,他劝说笛卡尔退出巴黎的社交生活,专心研究他的新方法。

笛卡尔的第一本著作《指导心智的规则》的写作开始于 1620 年。1627 年至 1629 年间,笛卡尔的精力也花在此书上,但最终他却放弃了,因为他的兴趣从数学和方法转向了物理学。1629 年 9 月笛卡尔移居荷兰,在那里,他可以不受打扰地专心工作。此后不久,他开始撰写他的杰作《论世界》一书,这是一本对所有自然现象进行整体解释的著作,他曾在这本书的写作上退缩过。笛卡尔第一部公开出版的著作是《方法论》(1637 年)。这部著作由三篇论文和一篇关于方法的引言组成。三篇论文使用的资料出自他未出版的著作《论世界》,涉及的内容包括光学、气象学以及几何学。引言的目的是概述达到真理的新方法,而三篇论文的目的是证明该方法的运用。每篇论文本身都是一部重要著作。

阅读笛卡尔这些早期著作的人,会对笛卡尔观点的三个特点感到吃惊。首先，他试图将所有知识包含到建立在少数简单原理基础之上的统一体系或科学之中，其广泛程度是令人吃惊的。《论世界》一书包含了有关热、光、重量、星球的形成、彗星的特点、地球的形成、潮汐、自然的法则等章节，还包括一篇关于哲学的论文。在寻找隐藏在所有这些自然现象背后的统一原理的过程中，笛卡尔的目的就是使自然界的活动更为清晰。理解自然不再是一个解释上帝的精神、发现某种超自然的线索来解释神秘现象的问题，而是找到支配物质的基本结构问题。在一本大约写于1619年至1622年的早期笔记中，笛卡尔写道：

○ 科学目前是戴着面具的，但是一旦揭去面具，它们将展示出所有的魅力。如果能够明白科学是如何联系在一起的话，我们就不难发现，掌握它们并不比记住一串数字更难。（AT X 315）

其次，为了达到这一目的，笛卡尔必须证明那些原理，并为它们辩护。这就需要一种获得知识的方法。新科学需要认识论，而认识论需要形而上学。为了统一，科学必须讲究方法，但是，为了找到一种方法，笛卡尔必须有意识地对知识的本质进行深刻思考。

第三，从其历史背景方面考虑，笛卡尔的整个事业所蕴含的青春活力一定会给人留下深刻印象。尽管近代科学不乏其他诸如伽利略、培根等倡导者和先锋人物，笛卡尔的著作却给新知识领域带来了某种新意。此外，与那个时代的拉丁文教科书相比，笛卡尔的书是用迷人的个性化手法写作的。他经常将自传与哲学混杂在一起。而且，《方法论》和《论世界》都是用法语写成的，而那一时代的学术著作通常都用拉丁文。

规　　则

让我们来集中看看他的第一本著作《指导心智的规则》。此书包括 21 条指导心智的规则（完整版本据说包括 36 条规则），其目的是提供一种指导心智的方法，以便使它能够对所研究的事情做出真实而有根据的判断（规则一）。在对这一研究目的进行解释时，笛卡尔强调科学的统一，"因为它们既相互联系又各自独立"（AT X 361）。笛卡尔得出结论说，我们需要一种一般方法，它同时有助于人们增强理性的力量。

为什么在数学中可以获得确定性？笛卡尔通过对这一问题进行有意识的反思形成了他的基本观点。在笛卡尔看来，知识需要确定性。他在第二条规则中谈到，我们只能坚定不移地相信我们所能够确定的东西。笛卡尔反对经院哲学家的纯粹或然性的三段论，并批评他们将精力集中于构建将难题作为模型的

"隐秘的推测"。相反，我们应将简单的代数和几何问题作为模型。为什么知识的这两个分支所得到的结果是确定的？正如笛卡尔在第四条规则中所阐述的，"我们需要一种方法"（AT X 371）。

稍后，在其生活早期阶段从事《方法论》的写作过程中，他声称已经成功地运用了他的方法："通过严格观察我所挑选的规则，我开始擅长解决所有（代数和几何）问题。"他给自己规定的任务就是从这种方法中创立出一种解决和研究所有难题的一般方法。大多数从事研究的人，并没有遵照什么方法，只是随意地进行研究。方法意味着确定而容易遵循的规则，如果按照正确的顺序和方式使用这些规则的话，将会使我们得到尽可能完整的知识。

基础

在笛卡尔看来，数学方法的本质就是以命题为起始点，这些命题能够通过直觉清楚而明显地得知是真实的，而且可以通过逐步推导的方法得出结论。不证而明的直觉以及一步步的演绎是两个重要方面。首先，我们需要具备以对于直觉来说不证而明的原理为起点的能力。在数学中，这些原理是可以找到的，因为数学的数据总的来说是简单、精确而抽象的。直觉就是在精神上掌握或看到这些简单命题的真理性的能力。为此，笛卡尔列举了下面这样的例子：我能够凭直觉感到我是存在的，三角形有三条边。这些真理可以通过理性之光而获得。通过将注意力集中到这些真理的清晰事例上而不是更为复杂的难题上,我们就可以开发我们的直觉力。直觉是对简单真理的直接的精神感知,因而它是不受怀疑的。

其次,我们需要具备演绎我们能够凭直觉感到的简单真理的逻辑含义的能力。演绎法是指从一种简单事实推导出另一事实的能力,这时,第一个事实暗含着第二个事实。笛卡尔认为,演绎法与直觉有许多共同之处。笛卡尔将推理或直觉设想成联系命题的一个链条。在演绎推理中,利用与直觉具有相同洞察力的确定性,可以看到这种联系的存在。演绎如同推导中的直觉,直觉带有突然性,而演绎却是连贯的。

所有推理都以直觉作为其基础,这一事实对于笛卡尔来说具有三方面的重要意义:第一,为了在演绎中保持确定性,我们需要逐步以所有步骤都是不证自明的方式进行。第二,假如我们这么做,那么演绎就不会出错。原因在于,推理过程仅仅在于遵循简单而清晰观念的逻辑含义。直觉揭示了链条的第一步骤,而假如我们能够继续小心翼翼地进行的话,那么,每一步骤都与前一步骤一样是确定的。第三,假定所有论证性的推理都以直觉作为基础,那么,我们便能够对将这一方法适用于任何领域的知识寄予厚望。

这就是笛卡尔方法的基础。我们能够看到它如此卓越地适用于数学的原因。在数学上,这种方法的运用仅仅在于从简单的、不证自明的数据推导出逻辑结论。它完美地适用于笛卡尔关于具有认知能力的心智的力量——直觉和演绎——这幅图景。

一般方法

第五、第六条和第七条规则所陈述的是笛卡尔方法的一般原则（这三条规则加上第二条规则，在《方法论》中均有涉及）。第五条规则指出，我们应该把复杂命题归结为简单命题，直到最简单的命题为止。据此，我们可以从简单命题中重构知识。这里所体现的观念是，命题可以根据已经认识之物（或认识论优先）进行安排。笛卡尔认为，这是对经院传统的重大背离，据此可将事物分成不同的范畴或某些本体论框架。笛卡尔的观念因为把我们带回到了这些基本原理，从而成为更实际的观念。第六条规则通过解释什么算是"简单"使上述思想更为具体。第七条规则指明了从最简单的命题"追溯"到那些依据它们而建立命题的方法。

在第八条规则中，笛卡尔向我们展示了一个有关折射难题的例子。

问题 1：将平行光线集中于同一点的透镜的形状是什么？

问题 2：入射角与折射角的关系是什么？

问题3：折射是如何通过光线从一种介质经过另一介质而产生的？
问题4：一束光线如何穿透一个透明体？
问题5：什么是光线？
问题6：什么是自然力量？

我们从第一个问题开始。于是，我们发现，要想回答这个问题，就必须回答第二个问题，依次类推，直到我们回答了第六个问题。而这是一个简单的问题，凭直觉就能回答。回答了这一问题，我们就可以推导出第五个问题的答案，依次类推，我们就可以对最初的问题做出回答了。①

重要特点

笛卡尔方法中的真正重要之处体现在更为详细的论述中。笛卡尔认为，他掌握了一种解决所有涉及数字和图形的数学问题的方法。基于此，他想展示的是，根据数字和图形，例如点和线，如何重新表述科学问题。后来，笛卡尔清楚地表明，物质世界的所有事实，都可以用几何学术语来表述。假定如此，科学的统一与方法都是应该能够实现的。这是笛卡尔早期观点的一部分。

笛卡尔的数学创新之处体现在什么地方呢？从根本上说

有三个方面：首先，他发明了符号体系，这使得我们可以用"y=a+bx"的形式来表示代数上的等式（x、y、z表示未知的变量，而a、b、c则表示常数）。他还发明了平方、立方、更高次方幂以及$x \div x$等标准符号体系。这是非常重要的，因为它表明了以前从未达到过的一种抽象水平。其次，这一点使他看到了几何与代数的统一。他通过坐标和轴发明了图形概念，使得像$X=3+2y$这样的方程式可以在一条特殊的线条或其他曲线上得到标识。利用这种方式，加减乘除都可以通过数字以几何的形式表示出来。例如，如果a和b都表示直线，那么$a \times b$就可以用它们划定的长方形来表示。最后，所有这些使得笛卡尔能够解答包含两个未知变量的方程式，这是以往从来没有人做过的事情。

回顾笛卡尔的全部方法，我们看到，首先，它显然不是权威方法。它使个人在自我探寻方面获得解放。它以这种方式抓住了新的时代精神，从政治上看是强有力的。其次，它基本上是一种非经验主义的方法。正如我们将要看到的那样，笛卡尔没有忽视感性知觉。尽管他认为感觉是一种令人困惑的、扭曲的和未确定的知识形式，但是，一旦认识到它对理性的隶属关系，它就会在科学中获得重要地位。总之，笛卡尔认为，他的方法不仅是从事研究的工具，同时也是一种对心智的训练，有助于从偏见和感觉的影响下获得解放。最后，作为数学方法，笛卡尔的方法考虑到了科学内部的严密性和机械论解释。它允许我们根据现在称为物理规则的东西来解释物质的变化。最后,笛卡尔的方法是心理学上的方法。它不是亚里士多德式三段论式的形式化方法。笛卡尔对心智在寻求真理过程中应该起怎样的作用更为感兴趣。

上述最后一点给笛卡尔带来一个难题。他认为直觉是一种天赋能力,并将它称为理性的光芒,假定它是可靠的。他假设,一旦知识得到正确运用,是不会出现谬误的。但是,他如何确定这一点呢?为了回答这一问题,就需要从事哲学和形而上学研究。而笛卡尔在1619年时感到,他还没有为此做好准备,但他的方法似乎需要这方面的研究。其方法本身需要一种形而上学为其辩护。

注释:

① 见丹尼尔·加伯:《笛卡尔及其在〈方法论〉和随笔中的实验》,参见斯蒂芬·沃斯主编:《勒内·笛卡尔哲学和科学随笔》,牛津大学出版社,1993年,第290页。

4

On Descartes ——— 论世界

《论世界》一书原计划在 1633 年出版。伽利略被定罪后,笛卡尔放弃了它的出版。这本著作包括四个组成部分:第一部分由一至六章组成,解释笛卡尔的物质理论;第二部分由七至十二章组成,涉及宇宙哲学;第三部分是笛卡尔有关光的理论;第四部分是生理学论文《人论》。最初被看作是一篇有关光的论文,却成为一本关于整个宇宙的书,原因在于(正如笛卡尔向梅森解释的),"所有这些物理学问题的内在联系如此紧密,相互之间存在如此多的依赖"(AT I 140)。本章我们将对笛卡尔的自然哲学进行介绍,在对他的形而上学有了更多了解之后,我们将在第八章对其物理学的哲学基础进行介绍。

运动的物质

运动中的物质这一观点足以解释所有自然现象。根据笛卡尔的观点，物质就是空间上的广延性。物质的所有特性仅仅在于其广延上的差别。笛卡尔认为，所有自然变化都可以通过运动中的物质的空间属性得到解释。笛卡尔用大小不同的物质微粒概念取代了传统的四元素观点。

笛卡尔在第一章指出，我们关于世界的知觉观念与导致这些认识产生的原因是不同的（见本书第五章）。既然笛卡尔的物理学所描述的世界与我们所感知的世界有很大的不同，那么，他就需要这一观点来使其物理学自圆其说。

笛卡尔以火为例进行了阐述。火通过使木料的极小微粒处于运动状态，并将它们分离成火、气、烟和灰，木料便燃烧起来。笛卡尔将这种运动的物质观念，与按照形式和特性所做的传统经院式解释进行了对比。他写到，"就让他人去想象（如果他们愿意的话）木料中火的形式、热的性质吧……我在这里只愿意把火设想成各个部分的运动"（AT XI 7）。笛卡尔用同样的方式来解释固体和液体的区别。如果它们相互间处于相对静止状态，物体的最小部分就不会发生分离，除非有一种力量作用于它们。在固体中，微粒间是相互静止的。而在液体中，它们却处于运动之中。在气体中更是如此。火是物质最活跃的形式。换言之，笛卡尔是根据各个部分的相对运动速率来解释物质的不同特性的。

在笛卡尔看来，所有事物都处于运动之中。宇宙中的运动总量是守恒的。笛卡尔认识到，这样一种守恒规律是数学力学所需要的。他的基本观点"物质就是广延性"排除了真空的可能性。为了回答"在没有空间的情况下物体如何运动"这一问题，笛卡尔举出了鱼在池中游的例子。水是不断被置换的，即使在水面上看不到任何水被置换的迹象。笛卡尔以此来证明"所有运动都是循环的"这一观点。当鱼游动时，它前面的水向两旁流去，而鱼后面的水则流入它先前占据的空间。这就是水的循环运动。这是描述笛卡尔关于"宇宙万物都处于运动之中"的世界图景的一种很好的方法。

笛卡尔认为存在三种微粒。这种观点可以根据光的变化得到很好的理解。光是由火产生的，火是微粒存在的最典型形式。光通过一种精妙的媒介发生转化，这种媒介是微粒存在的第二种形式。光通过第三种也是最粗糙的微粒存在形式得到反射和折射。

宇宙论

为了从事实上避免为"地球围绕太阳运转"这一异端思想做辩护的嫌疑，笛卡尔构建了一个假想的宇宙，它仅仅建立在他的物理学原理基础上。稍后，他又认为，这一假想的宇宙很难与真实的宇宙相区别。

在这个宇宙中，物质等同于广延，因而整个空间充满了单一的物体，其各个组成部分以不同的速率运动。在这样一个宇宙中，微粒处于不断的冲撞之中，而它们的运动取决于三条法则。笛卡尔对运动的力量和方向做出了极其明确的区分。第一条法则阐述的是，如果不与其他物体发生冲撞，物体将保持其运动状态。第二条法则的内容是，冲撞中的物体的运动总量是守恒的。第三条法则认为，在没有外部因素作用的情况下，物体将保持直线运动（在现实中，由于某些因素的影响，物体会以循环的方式运动，如上面所举的鱼的例子）。

笛卡尔构想了一个宇宙，其中，所有物质都处在旋转运动中，就像处于数不清的旋涡或涡流当中。笛卡尔利用这一观点来解释太阳和星球的形成及其运动（见第八章）。在太空流体中，行星被带动着围绕太阳运转，就像流水中一叶扁舟。在这一基础上，笛卡尔试图对为什么有些行星拥有一个较快的轨道做出解释（见第九章），同时也对月球环绕地球轨道运行的原因进行了解释（见第十章）。笛卡尔还利用相同的理论来解释潮汐运动的复杂变化（见第十二章）。他根据天体物质围绕地球运行的循环运动，来解释这些受潮汐影响的循环。

光

在写作《方法论》中涉及他未出版的《论世界》时，笛卡尔说：

> 起初,我仅仅试图对只有我所了解的光做出充分的解释。然后,当时机来临时,我增加了有关太阳和恒星的内容,因为几乎所有的光都源自它们。同时,我还增加了有关天空的内容,因为它们传输光;增加了有关彗星和地球的内容,因为它们反射光;特别是增加了有关地球上物体的内容,因为它们是有颜色的或透明的……最终是人,因为他是这些物体的观察者。(AT VI 42)

在笛卡尔看来,光是通过第二种元素即空气来传播、由第三种微粒所组成的东西来反射和折射的。光的所有活动都可以根据运动规则得到解释。为了说明这一点,笛卡尔列出了光的12个属性,并就如何运用他的理论对其做出解释加以说明。为了解释反射,他使用网球被帆布制品表面反弹的例子来加以说明。为了解释折射,他则以球穿行水中为例来进行说明。笛卡尔阐释了这些物理活动的几何模型,其中包括折射的正弦定律。根据这一定律,他可以计算出从空气进入水中的折射系数。

在他稍后的著作《气象学》(*Meteorology*)一书中,笛卡尔就使用了折射理论来解释彩虹现象。在同一本著作中,他根据第二种元素微粒的旋转速度,对颜色进行了解释。他试图解释为什么彩虹会呈现出不同的角度。

生理学

为描述关于人的生理学，笛卡尔对"陶制机器"的工序进行了描述，这种"陶制机器"看上去与人的有机组织没有什么区别。笛卡尔企图对所有生理过程——消化、心脏、血液循环和神经系统——做出解释。他认为，除了那些需要自由意志和自我意识的思想外，人的所有功能都可以根据机械原理得到解释。笛卡尔把神经系统设想成小型的管道体系，流体物质沿着这些管道运动，使肌肉的形状发生变化。笛卡尔不仅解释了呼吸、打喷嚏、咳嗽以及打哈欠的原理，而且试图解释知觉的机理，包括眼睛的晶状体以及距离知觉。

从物理学到形而上学

笛卡尔放弃《论世界》的写作之后，对两篇未发表的论文《屈光学》(*Dioptrics*) 和《气象学》进行了修改。同时增加了第三篇《几何学》(*Geometry*)，来说明他的方法和发现。他增加了一篇介绍性的短文《方法论》，并于1637年将上述四篇论文整理成书出版。也许这种形式符合笛卡尔的口味。他喜欢这种零散间歇的方式。通过这种方式，他既能展示他的方法，又不必显露这种方法对于行星运动的含义，也用不着冒遭教会迫害的危险。本来,《方法论》是匿名出版的。

伽利略被定罪这一事件,使得笛卡尔关注的焦点从自然哲学转向形而上学。《方法论》指出了这种方法从总体上看需要以形而上学为基础,因而他试图提供这样一种基础。然而,笛卡尔对自己的这部分工作并不满意。它是在仓促间完成的。该书的书稿已经在出版商手中,而此时笛卡尔仍在写作。由于这些原因,他开始写作他的最著名的哲学著作《沉思集》。

5

On Descartes ——— 对怀疑的挑战

第一条沉思是最重要的哲学文献之一。在这篇沉思中,笛卡尔对物质客体的存在提出了哲学的怀疑。这篇简短的哲学论文向读者展示了两个挑战。第一个挑战是,不要不经思考就拒绝笛卡尔提出的怀疑。相反,我们必须理解他的论点,而且不要满足于浅薄的异议。第二个挑战是,我们应该怎样对他的论点做出回应。在后来的几篇沉思中,笛卡尔自己对这些怀疑做出了回答。然而,他解决问题的方法是值得怀疑的。因而,我们无法以笛卡尔试图采用的方式来逃避第一沉思中的怀疑的力量。我们接受的是他所提出的问题,而不是他的解决方法。

笛卡尔"怀疑方法"的最终目的是要发

现确定性，找到可以在知识重构中充当可靠基础的命题。特别需要强调的是，对于笛卡尔来说，这是建立其物理学形而上学基础的第一步，也是进一步深入的方法。促使笛卡尔这样做的是这样一个事实，甚至在提出任何怀疑之前，他就认识到他的许多信念是靠不住的，而且是建立在迷信基础上的。然而，他不能确定哪些是可信的，哪些是靠不住的。笛卡尔批评经院哲学提供了一种具有或然性的三段论，因此，他必须提供确定性。解决方法就是用"怀疑方法"把黑板擦干净，进而使用那些确定性，这些确定性作为知识重构的基础可以在这种清洁过程中得以存续。知识必须建立在确定性基础之上，我们须通过拒绝不确定性来获得确定性。在《沉思集》的提要中，笛卡尔对此做了解释：

> 尽管怀疑的作用笼统地看并不十分明显，但它仍然是非常重要的，表现在（这种怀疑）使我们远离各种偏见，并提供了一种使我们的心灵习惯于将自己从各种感觉中分离出来的简单方式。最终，表现在它导致这样的结果，就是使我们不再对以后发现的事实产生任何怀疑。（AT VII 12）

"怀疑方法"也是一种心理行为，有助于读者自己从各种感觉的影响下获得自由。我们习惯于认为，世界就是我们所感知到的那个样子。但在笛卡尔看来，这是一种偏见。为了达到目的，笛卡尔不得不使怀疑系统化。他不能逐条怀疑他的每一个信念，因此，他必须摧毁它们赖以存在的基础。

进行怀疑并不意味着认为我们的信念都是虚假的。它是指把对各种信念的真实性悬置起来，既不相信也不否认。相信既包括人们心灵之中具有某一观念，也包括判断这一观念是真实的。赞成P观念就是相信P；否认P观念就是不相信P。当人们怀疑P时，不管怎样，他就会对P的真实性或谬误暂时不做判断。事实上，笛卡尔的"怀疑方法"总的说来就是，不对外部世界任何事物与内心观念的联系或导致内心观念产生的原因进行判断。观念是认知的直接对象，外部世界仅仅是以这些观念为中介而得到认识的。作为认知之直接客体的观念概念，在笛卡尔的方法中是潜在的。

"怀疑方法"由三个阶段组成，每一阶段都比前一阶段更为根本。笛卡尔并不想仅仅阐明怀疑在逻辑上的可能性。他所论证的更为强有力的结论是，怀疑是有根据的。怀疑的每一阶段都给这种结论以某种论证。前面我们曾探讨了怀疑的用途，而这有可能掩盖了这样一种重要观点：根据第一条沉思，我们没有足够的证据来断言存在何种外部客体。这就向读者提出了两个挑战。

第一阶段

首先，笛卡尔提到他的许多信念来自感性知觉。他指出，感性知觉过去曾欺骗了他，特别是对于微小的以及远距离的客体。他声称，已经知道某种东西欺骗了我们可我们仍然相信它，这是一种愚昧无知的表现。由此他得出结论，我们不能相信那些建立在感觉基础上的信念。我们可以这样来表述他的论证：

1. 我的大多数信念建立在感觉基础上。
2. 这些感觉过去曾欺骗了我。
3. 对曾经欺骗了我的某种东西产生怀疑，是合乎理性的。
4. 因此，我的大多数信念容易受到理性的怀疑。

根据笛卡尔的观点，这一论证并不能证明普遍怀疑的合理性，因为许多来自信念的感觉似乎是确定的。例如，他认为，仅仅在这一论证的基础上，他不能对"他有肉体""他正坐在火前面"做出合理的怀疑。此类怀疑需要一种更为根本的凭直觉得到的论证。他的意思可能是认为上述前提中第三条是错误的。显然，有时感性知觉不会欺骗我们，而在一些知觉基础上不加区别地对感觉进行谴责是不理性的表现。

需要注意的是，笛卡尔并不是要从任何感觉经验都可能是幻觉的前提出发进行论证，从而得出所有感觉经验整体上都有可能是错觉的结论。这种论证中有可能包含着谬误，因为幻觉的普遍可能性并不能证明普遍幻觉的可能性。①这一论证涉及构成的虚假性。一个人能挣到超过平均水平的工资,并不意味着所有人都能够达到这一水平。然而,笛卡尔没有犯这种错误。同时,我们也应该注意,笛卡尔在怀疑的第一阶段所做的论证,与所谓的来自幻觉的论证是不同的。关于后者我们将在本章后面的部分中进行考察。

第二阶段

接下来,笛卡尔问道,他是如何确定他并不是在做梦呢?他回忆过去曾经做过的清晰的梦。例如,他曾经梦见他是醒着的,坐在火边,就像他现在一样。清醒的梦与醒着的经历很难区分,在这样的梦中,人有可能相信他事实上是醒着的。因而,尽管梦中的情景通常比醒着更为混沌,但是,要在梦与醒之间做出区分,是不大可能的。没有能使人们分清自己是醒着还是在做梦的内在标准或迹象。任何给定的条件都有可能是一种幻觉:它可能是一场梦。笛卡尔的论证可以通过下面的逻辑推理来表示:

1. 不存在人们据之而将做梦从醒着的感觉经验中区分出来的内在标准。
2. 梦中的经验通常是虚假的。
3. 因此,我的任何感觉经验都有可能是虚假的。

4. 我的所有信念都建立在感觉经验的基础上。
5. 所以，我的所有信念都可能是虚假的。

然而，笛卡尔断言，这一论证也不足以证明普遍怀疑的合理性。梦必然由来自现实中的元素组成，诸如形状、大小、数量和时间等这些简单的元素，一定是真实的。笛卡尔这样说实际上是在对第二个前提进行修正。梦中情景并不是现实中实际发生的事情，按照这一认识，梦中经历通常是虚假的。然而，梦中的经历并不完全是虚假的，因为它们包含了现实中的元素。笛卡尔还说，即使他假定正在做梦，二加三仍然等于五，而一个正方形总是有四条边。当他这么说时，实际上是在提醒我们第四个前提是错误的。某些真理是通过理性认识到的。

除了笛卡尔本人对自己的论证心存疑虑外，一些哲学家对怀疑第二阶段的正确性也提出了质疑。一种反对意见认为，即使现在我正在做梦是可能的，但是我却不可能一直处于梦中。梦中经验的可能性需要一些非梦中的经历。然而，这种反对意见似乎并未击中要害。笛卡尔的观点并不是说我们有可能一直在梦中，而是表明，我们没有内在证据或标准可以确切地将梦中经历与醒着的经历区别开来。任何特殊的经历都可能是一场梦。

第三阶段

第一阶段与第二阶段仅仅使我们达到上述认识程度。只有更为根本的第三阶段才成功地引出对外部客体存在的普遍怀疑。它存在于一个恶魔的可能性中。笛卡尔假定,可能存在着一个至高无上的、全能的智能精灵,它竭尽全力在欺骗他。笛卡尔认为,在这样的假定中,他有可能被欺骗陷入二加三等于五的思考中。恶魔的可能性使得我们过去从合理的怀疑下获得的信念荡然无存。在"怀疑方法"的第三阶段,怀疑尽其所能带有根本性和普遍性。任何不受这种怀疑影响的信念都将是确定的。

怀疑的第三阶段提出一种根本的怀疑。假如存在一个欺人的恶魔,那么,我在思考我的感觉经验与外部客体的联系或其外部原因时,就有可能产生误解。可能存在的恶魔有力地支持了对物质客体是否存在的怀疑观点。对怀疑的第三阶段的确切论证是什么呢?我们可以对这种论证进行如下表述:

1. 有可能存在一个欺骗我的全能的邪恶精灵。
2. 如果存在这样一个恶魔,那么我的所有信念都有可能是错误的。
3. 因此,我过去的信念都有可能是错误的。

关键是第一个前提——可能存在一个全能的欺人的邪恶精灵。这意味着我们没有反面的证据。我们没有证据证明不存在这样一个恶魔。通过与当时科学中根据数据得出的不充分的理论做比较，我们能够根据当时的背景来理解笛卡尔的论证（不过，这种比较并非笛卡尔实际著作的一部分）。通过数据建立的不充分的理论是存在的，但是我们可以利用两种假设，它们同样能很好地解释经验材料。经验材料本身不足以通过一种理论支持另一种理论。在怀疑的第三阶段，我们有两种理论：其一是经验材料是根据空间的外部有形客体得出的。其二，它是由全能的欺人恶魔导致的。这两种理论能够很好地对经验材料本身——我目前拥有的感觉——做出解释。就材料而言，没有更好的理由认为其中一种理论比另一种更为真实。这一比较有助于说明上述论证中的第一个前提。

这有助于我们理解怀疑的三个阶段的另一方面。它们逐渐迫使我们在感知到的观念与造成这种知觉的外部原因之间做出明确的区分。笛卡尔在《论世界》中很好地勾勒了这种区分。想象一根羽毛触痒你的嘴唇。羽毛中事实上会有某种东西与你有同样的感觉吗？没有，当然没有。与此相似，笛卡尔认为，我们所看到的与客体是什么并无相似之处。视觉恰如被光线轻触，而听觉则如同被气流轻触。在《光学》(*Optics*)中，笛卡尔写道：

> 同样地，通向耳朵的神经运动使灵魂听到了声响……但是，所有这些都不需要灵魂感知到的观念与导致这些观念产生的运动之间有任何相似性。（AT VI 130）

假如这一观点成立的话，怀疑的第二阶段和第三阶段实际上向我们提出了两个问题：

第一个问题是，除了这种相同的经验根本不是由外部客体造成的之外，你能够想象出与你现在所具有的经验恰好相同的经验吗？答案似乎是肯定的："是的，我能够想象。"我们似乎必须这样回答,因为导致知觉产生的原因存在于知觉本身之外。

第二个问题是，你有没有证据证明你现在体验的不是那种相同的经验？答案似乎是否定的："没有，我没有这样的证据。"我们似乎必须这样回答，因为我们已经承认，相同的经验恰与另一个经验相同。因此，不存在任何对它们进行区分的可能证据。

另外两个论证

关于怀疑的第三阶段的论证表明，可以用两个大致相等的可能假设来解释感觉材料：欺人的恶魔与物质客体的存在。

笛卡尔的巧妙论证中所存在的弱点是假设经验材料仅仅存

在于观念之中。笛卡尔的论证假定,感觉材料是心灵中的观念(而不是关于外部客体的信息)。他的论证有效地预先假定,我们可以感知到我们的观念,而不是外部世界的客体。根据笛卡尔的观点,假如你断言"我正在看的这本书有一个白色封面",那你就错了,因为你并没有知觉到这本书,你所知觉到的是一种观念,而你却认为这一观念是由书所引起的。然而,另一方面,与笛卡尔不同,通常当我们参考科学材料时,此类材料已经被假定为对客体的感知。材料包括来自各种工具的阅读资料,不同条件下的客体行为等。因此,笛卡尔是否有权利假定相关的经验材料存在于观念之中呢?

答案在于,关于笛卡尔的观点存在着肯定的论证。在《方法论》中,他说"即使我们非常清楚地看到太阳,也不能就此判断太阳只是与我们所看到的一样大"(AT VI 40)。可以将这一观点与一个四岁孩童的故事做一下比较:"约翰·埃德加经常看见飞机起飞、升起并逐渐消失在远方。有一天,他第一次乘坐飞机。当飞机停止上升时……约翰·埃德加转向父亲,以一种非常宽慰和含糊的腔调说,'飞机升到这么高时并不是真的变小了'。"[②]笛卡尔一定喜欢这个例子,它非常适合于他所说的有关童年偏见的问题。

为了将所感知到的东西(观念本身)从导致它产生的外部原因中区别出来,为了论证二者没有必要相似,笛卡尔在《论世界》中进行了类似论证。这种建立在彻底的知觉相对性基础上的论证，可以回溯到柏拉图（Plato）甚至更远，对20世纪的经验主义思想具有非常重要的影响。这种论证的基本要旨基于下列原则：

> 原则1. 即使外部客体不发生变化，我们所感知的东西也有可能发生变化，因此，两者不可能相同。

借用笛卡尔《方法论》中的例子，当我们得了黄疸病时，看起来一切似乎都是黄色的，但是，世界本身仍然维持着原貌。我们可以将这一论证概括如下：

> 1. 如果客体本身不发生变化，外部客体的属性就不会发生变化。
> 2. <u>在客体本身没有发生任何变化的情况下，我所感知到的内容也可能发生变化。</u>
> 3. 因此，我所感知的并非外部客体的真实属性。

这也许可以被称为根据幻觉所进行的论证。它有一个基本结论，它意味着我们并没有感知到世界上的事物。果真如此的话，我们便有理由得出结论说，我们仅仅能知觉到我们自己的观念。

怀疑的第二阶段和第三阶段内含着一条与上述原则相似的原则：

原则 2. 即使根本没有外部客体，我们也能保持原有的知觉，因此两者不可能是相同的。

这一原则导致了所谓根据幻觉或妄想所进行的论证，可以对它进行如下表述：

1. 即使外部客体发生变化甚或消失，我所感知到的内容仍能保持不变。
2. <u>如果 X 与 Y 相同的话，其中一个不发生变化，那么，另一个也不可能发生变化。</u>
3. 因此，我所知觉到的并不是一个外部客体。

这里再次隐含，我们根本没有知觉到外部客体。根据这一点，即使这一结论有明显的陷入不可避免的怀疑主义的可能性，我们也不得不承认，我们只能知觉到我们自己的观念。果真如此的话，那么，怀疑主义就会随之而来。在这一点上，我们应该能够充分体味到笛卡尔的挑战给我们带来的压力。

作为工具的怀疑

尽管如此，笛卡尔绝不是一个怀疑主义者。对于他来说，怀疑只是一种手段。③就其本身而言,它并不是终点。它只不过是哲学和心理学方法中的一个工具而已。

从心理学角度来说,《沉思集》是以自传体形式展示的、鼓励他人经历同样思考过程而进行的一系列思考。笛卡尔说,"如果读者愿意追随的话,他就会把它看成是自己的东西,如同他自己发现了它"(AT VII 155)。笛卡尔认为,怀疑如同一门艺术,它将使我们从感觉的影响下获得解放。笛卡尔希望他的读者能摆脱感觉的束缚,因为他认为这是接受其自然哲学或物理学的心理条件之一。

笛卡尔认为,我们在童年时代获得了许多偏见,在那个年龄"心灵就深深陷入对什么都一无所知的身体之中"(AT IV 114)。在《哲学原理》中,他这样写道,作为孩童,我们简单地假定,存在于心灵之外的事物与感觉是相似的。正如先前我们提到过的四岁儿童约翰·埃德加那样。如果得不到纠正,这种偏见(也就是感觉能给予我们关于世界实际上是如何存在的知识)会持续到成年时期。1638年,笛卡尔写道,"那些想发现真理的人绝对不能轻信孩童时代草率地接受的观点"(AT II 39)。一个依附于感觉的人,是无法接受笛卡尔物理学中所描述的宇宙观的。

以这种方式来审视,《沉思集》也是一套训练方法。第一条沉思给我们提供了一种治疗童年时期偏见的怀疑方法。笛卡尔说:"一旦进入生活,任何事情都应当被彻底推翻,都应当从第一基础开始进行重构。"④怀疑是将心灵从感觉的影响下解放出来的策略和工具。

按照怀疑艺术进行思考，就要求读者培养仅仅赞成清晰而明确观念的意志，抑或拒绝那些满足于凭感觉得到的令人困惑的观念。通过这种艺术实践，我们将会变得习惯于赞成清晰而明确的观念，这就是笛卡尔的整个方法的简要本质。根据笛卡尔的观点，从心理学上看，怀疑疗法对于思想家避开感觉的影响、揭示自然科学的基础是非常必要的。

怀疑也是必要的哲学工具之一。不要忘了，笛卡尔《沉思集》的最终目标就是为其物理学确立形而上学基础。正如以后我们将会看到的那样，作为怀疑主义解毒剂的清晰而明确的思想方式，意味着一种量化的、机械论的、统一的科学观。

基于所有这些原因，笛卡尔的最终目标和在《沉思集》中所涉及的内容，并不是要提出然后再否认怀疑主义。对于笛卡尔来说，怀疑仅仅是建立其物理学基础的一块垫脚石。

从历史上看，怀疑主义并不是笛卡尔的难题。然而，它却仍然是我们的难题。我们在前文已经得知，笛卡尔留给我们一些挑战。特别需要强调的是，我们应该能够既指出关于怀疑三阶段论证中的错误，同时也应该体察到它们的怀疑式结论。这一挑战仍旧会持续存在，我们应当对它做出应答。忽略它对于笛卡尔是不公正的。而且，在应对这一挑战时，我们应当汲取其中某些对于身心问题有价值的讨论。在本书的补遗部分，我将对第一条沉思提出的挑战做出简要回答。无论如何,读者都应当竭力避免陷入笛卡尔所设的圈套之中。

注释:

① 伯纳德·威廉斯:《笛卡尔:纯粹探索工程》,佩利肯书屋,1978年,第54页。
② 加雷斯·马修斯:《哲学与儿童》,哈佛大学出版社,1980年。
③ 约翰·卡里欧:《第一沉思》,见V.查普尔主编:《笛卡尔沉思集》,罗恩和利特尔菲尔德,1997年。
④ 加伯,"Semel in Vita",见阿米利·罗蒂主编:《笛卡尔沉思集随笔》,加利福尼亚大学出版社,1986年,第91页。

6

On Descartes ———— 我思

恶魔对我的欺骗能使我怀疑自己的存在吗？笛卡尔认为不能。假定一个恶魔正试图这样欺骗我。即使如此，我仍然不能怀疑我的存在。因为，为了被欺骗，我也不得不存在。其结果是，即使欺人恶魔的存在是可能的，也不能成为致使我怀疑自身存在的一个原因。我怀疑，因而我是存在的。所以，我不能怀疑我的存在。带着这些想法，笛卡尔结束了怀疑阶段，开始了重构知识以及展示其物理学基础的旅程。

这一旅程还有另一个基本要素。看来我不能误解的是，当我正有某种想法的时候，就是我正在拥有这种想法。有意识的精神状态似乎以这样一种方式将它们自己展示给我：当我拥有它们时，我不能误解它们。如果我认为我正在思想，那么，我的确正在思想。这意味着，我不能误解的是我正在思想的时候，我是存在的。对于笛卡尔来说，作为名词的"思想"一词意味着一系列的精神状态，以至于体验着它们的人能够很快了解它们。这个词不应具有一种知识含义，而只应代表任何有意识的精神状态。"思维"一词包括怀疑、意愿、情感、想象以及人能直接意识到的任何精神活动。

在笛卡尔看来，有意识的心灵是显而易见的。根据笛卡尔的观点，按照现在的术语来说，有意识的精神状态既明显又不容修正。它们是显而易见的，原因是如果我正在思想，那么我一定知道我是存在的。我不能忽视它。精神状态是不容修正的，原因在于如果我认为我正在思想，那么，我正在思想就是真实的。我不能误解它。我们将在第六章对心灵的这两个特点进行考察。彼时，我们将会对它们关于知识特别是"我思"的意义倍感兴趣。

在"我思"中，笛卡尔以下列方式将这两个组成部分结合起来。事实在于，我怀疑保证了我存在。无论怎样，怀疑只是思想的一种形式，而思想本身是不容修正的。因此，我可以确定的是，我存在仅仅来源于我正在思想这样一个事实，而不论我在思想什么。因而"我怀疑那么我存在"的推断，可以扩展为"我思想因而我存在"，或"我思故我在"。这一推断通常被称为"我思"。"我思"的特别之处在于，前提"我思想"是不容置疑或不容修正的。这就是它与其他类似推断的区别所在。例如：

> 我吃鸡蛋和火腿，因此我存在。
> 我喝水，因此我存在。
> 我行走，因此我存在。

这些推断与"我思"有着相同的形式。区别之处在于，这些推断的前提容易受到怀疑。为了获得不受怀疑的证据来证明他的存在，笛卡尔不能使用这样的前提。他必须推断出，他的存在来自他正在思想这样一个不易改变的事实。

对"我思"的解释

直到现在，我们把"我思"看作是一个从前提"我正在思想"推导出结论"我存在"的演绎论证过程。结论应该是确定的，因为演绎是有效的，而前提是确定无疑的。无论怎样有效，这一推断仍然需要一个特殊的前提，例如"任何思想的事物都是存在的"。问题在于，笛卡尔显然否定"我思"是这样一个三段论式的推断。他在给梅森的信中评论说：

当某人说"我正在思想因而我存在"时,他并不是从一个三段论式的思想中推导出存在的,而是通过心灵的简单直觉把它看成某种不证自明的事情。从以下的事实中可以看到,这一点是非常清楚的。如果他通过三段论进行推理,他就不得不预先具有关于如下大前提的知识:"任何思想的事物都是存在的。"然而事实上他会从自己的经历中认识到,"离开存在他是不可能思想的"。(AT VII 140)

在给伽桑狄(Gassendi)的信中,他多次重复这一种观点(AT IXA 205)。一些解释者利用这一点来表明"我思"只是简单地诉之于直觉而不是诉诸推理。笛卡尔在《指导心智的规则》中谈到,每个人都能直觉到他们自己的存在,根据这种解释,"我思"的确定性仅仅是对某人存在的一种内省或直觉。

"我思"是一种直觉还是一种推断?最好的答案是:两者兼而有之。首先,对于笛卡尔来说,区别只是程度的不同而已。正如我们在第三章所看到的,在进行推断的过程中,我们直觉到了简单的演绎步骤。在笛卡尔看来,要明白结论事实上是从前提中得出的,就需要直觉。因此,两者都不可排除。同样,"我思"也需要凭直觉得到的"某人正在思想"这样的事实,即便它也是一种推断。假如结论"我存在"确定的话,前提"我正在思想"从直觉上讲也是确定的。

第二,对于笛卡尔来说,重要的是"我思"能够得到迅速领会。重要的是我能够直接理解我存在。肯定这一点并不意味着否认"我思故我在"中的"我在"。我们可以将"我思"从了解它的模式中辨别出来,把它看作是一种推断。它是一种我们作为直觉直接抓住的推断。

笛卡尔认为,思想与存在之间的联系是一种必要的联系。因此,我们可以假定,笛卡尔愿意承认把"离开存在不可能思想"作为"我思"的预先假定。这并不意味着为了在直觉闪烁的瞬间抓住"我思",我们就不得不去思考隐含的前提。

对"我思"的著名批评

罗素(Russell)等一些评论家,反对在前提"我正在思想"中出现"我"这个词。罗素认为,笛卡尔没有权利使用前提"我正在思想",但是可以使用稍微弱化一点的说法"有一种思想"。

对笛卡尔"我思"的这种反对意见,可以用一种困境的形式表达出来。我们既可以认为"我"意味着是有思想的"我"的一个观念,但它却不同于这些思想;也可以把"我"简单地等同于这些思想。在这两种情况下"我思"都不起作用。如果我们接受第一种选择,那么,根据前提"我正在思想",将会得出"我存在"的结论。但是,根据这一选择,"我正在思想"

却不是"我思"的一个最佳前提。"我思"的前提应该是不容置疑的,但是,根据罗素的观点,"我正在思想"却并非如此。无论是否有一个"我",无论"我"思想与否,"我"与其他思想是否等同,都是容易遭到怀疑的。例如,哲学家休谟(Hume)就对此提出了挑战。既然观念容易遭到怀疑,那么"我"出现在"我思"的前提中,就是不合情理的。

如果我们承认这一点并接受第二种选择,那么,"我"这个词出现在"我思"的前提中根本就没有合理性。如果"我"的含义仅仅意味着是一种思想的简单显现,前提就应该是"有一种思想"。但是,根据这一前提却无法推导出"我存在"的结论。

笛卡尔可以对此挑战做出两个回应。首先,有一个充分理由来对在前提"我正在思想中"使用"我"进行说明。理由是,思想就像绿色一样,是一种属性,哪里有某种属性,哪里就一定存在具有这种属性的事物。笛卡尔称拥有某种属性的事物为物质。哪里没有能思想的事物,哪里就不可能有思想,正如哪里有绿色,哪里就一定有某种绿色的东西一样。一种属性的存在需要具有这种属性的实体或实在的存在。其次,就在提出"我思"之后不久,笛卡尔谨慎地指出,对于进行思想的"我"的本质,他还没有得出任何结论。即使当笛卡尔确定他存在时,除了他在思想之外,他也没有承诺他的本质。在"第二条沉思"中,笛卡尔试图确立他的基本性质。在这条沉思的结尾,他得出结论说，他是一个本质是思想的事物。但是，笛卡尔在"我思"中并未做此假定。

限定条件

把"我思"看作是笛卡尔哲学的基础，可能是错误的。坚持清晰而明确的观念是真实的，才是其更为核心的问题。然而，"我思"是其哲学的转折点。在提出"我思"之后，笛卡尔的思想旅程沿着两个方向展开：

1. 为了证明外部世界的存在而展示上帝的存在。这条线索主要体现在第三和第五条沉思中。

2. 揭示心灵的本质是什么，以及它是如何区别于物质的本质的，并由此证明心灵与肉体是分离的。这条线索主要体现在第二条和第六条沉思中。

"我思"对其中第二条线索是很重要的。

7

On Descartes ———— 上帝创造了世界

笛卡尔到底怎样才能证明物质世界的存在呢？在提出"我思"之后，笛卡尔的《沉思集》是沿着两条轨迹展开的。通过第一条轨迹，他试图构建物质世界的存在及其特点。沿着第二条轨迹，笛卡尔揭示了心灵的本质及其与肉体的分离。我们将在第七、第八章和第九章探讨这两条轨迹。第一条轨迹是本章和下一章的主题。

在第二条沉思的结尾，笛卡尔获得了关于其经验的内在世界的确定性。在他拥有观念时，他能够确信这些观念。他能够确定他的存在以及他进行思想的本质。然而，他尚未在自己的心灵知识与外部世界的鸿沟之间架起桥梁。他无法确定的是，外部世界的事物与他的观念的联系或相似之处。他知道，一定有某种外在的东西使他产生了某些观念。他可以诉诸任何事物都有其产生的原因这一原则。同样，他自己的一些观念也不是建立在他本人意愿的基础之上的。这些似乎不是由他本身造成的。由此，它们一定是由外部世界的某种东西造成的。

然而，到目前为止，知识仅仅发展到这个程度。它还不包括外部世界由什么构成或外部世界是什么样子。笛卡尔还没有证据来证明其观念是由物质客体所导致的假设。他不能断言已经了解了外部世界的本质。

笛卡尔要在经验与世界的知识鸿沟之间架起一座桥梁的策略，有两个步骤：第一步，他利用两个清晰的论证，试图证明上帝的存在。他认识到，这些证据一定得建立在他已经证明具有确定性的知识基础之上。他必须从他自己的上帝概念出发。第二步，他试图证明，如果上帝是存在的，那么，他能够确定他的判断能力是可靠的，能够确定清晰而明确的观念是真实的。通过这种方式，笛卡尔能够将他自己的观念的知识变成关于外部世界的知识。

第一步：证明上帝的存在

我们具有关于上帝的观念吗？上帝是无限的，而我们是有限的。我们有限的心灵能具有关于无限事物的观念吗？笛卡尔关于上帝存在的两个论证，都是从他即笛卡尔本人具有这种观念的前提出发的。结果，他有必要表明，我们确实具有关于上帝——一个完美、永恒、无限创造者的观念。笛卡尔的证据就是将他所怀疑的已经确定的事实作为前提。怀疑是因为缺少完美，笛卡尔从他所怀疑的事实得出结论，他是不完美的。正因为笛卡尔拥有一种不完美的观念，他得出结论说，他同样也可拥有一种绝对完美的观念。因而，他拥有一种绝对完美的存在物即上帝的观念。

与笛卡尔同时代的一些人否认存在这样一种观念。对此，笛卡尔立即做出应答：一个人没有必要知道，他为了拥有这一观念而拥有它。为了获得关于上帝的观念，人们没有必要去构想上帝。因为拥有这一观念有可能是一种天赋能力。而且他坚持认为，如果人们理解"上帝"这个词的话，那么，他就拥有了一种上帝观念。

《沉思集》的评论家之一伽桑狄认为，即使我们有意义地使用"上帝"一词，也并不表明我们就拥有了关于一种无限完美的存在的观念。伽桑狄断言有限的心灵不能理解无限的存在。笛卡尔通过对理解与理解能力做出区分,对此做了回答。他说，我们的确拥有关于无限存在的清晰而明确的观念，但却不是充足的或彻底的关于上帝的无限存在的观念。我们能够理解上帝是一个无限存在，但我们并不理解上帝是怎样成为无限的。

上帝存在的因果证明

上帝存在的第一个论证是因果证明，是在第三条沉思中给出的，在《方法论》中进行了更详细的阐述。上帝存在的传统因果论证是宇宙哲学的观点，这一观点认为，物质世界的唯一可能原因是上帝的存在。既然笛卡尔尚未证明物质世界的存在，那么，他就不能得出这一结论。相反，笛卡尔不得不从他所知道的确定的东西开始。事实上，他认为，关于上帝的观念一定是由上帝造成的。上帝观念就像一枚商标，是"工匠刻在自己作品上的标记"（AT VII 51）。

没有无因之果。任何事物都有其产生的原因。笛卡尔将充足理由律（Sufficient Reason）作为不证自明的定律来接受。根据笛卡尔的观点，充足理由律隐含了另一个一般命题——充分实在原则（the Principle of Adequate Reality），这一原则主张：

○ 在全部充足的原因中，至少一定拥有与结果中一样多的实在。

换言之，如果 A 比 B 含有较少的实在，那么，B 不可能是由 A 造成的。充分实在原则隐含在充足理由律中：如果原因比结果含有较少的实在，那么，结果中剩余的实在将找不到它们存在的原因。而这将否认任何事物皆有原因的原则。为了解释充分实在原则,笛卡尔将它与高温做比较。高温只有通过某种热的东西,才会在某种实体中产生。你不能用冰块加温食物。

实在的程度是什么?我们可以对笛卡尔的观念做如下解释:有三个层面,第一个层面是属性,例如白色;第二个层面是有限实体,如马匹;第三个层面是无限实体。①第二个层面的实体比第一个层面的属性拥有更多的实在,因为这些属性的存在依赖于实体的存在。白色的存在仅仅在于有白色的实体存在。按照这种理解,实体比属性拥有更多的实在。与此相似,上帝比有限实体拥有更多的实在,因为上帝的观念正是这样,他使得有限的实体只能依赖于上帝存在。

需要注意的是,这并不意味着预先假定上帝的存在。它仅仅表明,上帝存在的方式与有限实体和属性的存在方式是不同的。或者用我们的类比来说,它向我们表明,存在着第三个层面。它并不表明这一个层面上有任何东西。试比较:一只独角兽比白色具有更高程度的实在。不过,这并不意味着独角兽真的存在。与此相似,上帝比有限实体拥有更高程度的实在这一事实,并不意味着上帝真的存在。它仅仅表明,如果上帝存在的话,那么,他在存在范畴中所处的位置是在第三个层面。

我们现在已经对充分实在原则进行了解释。为了证明上帝的存在,笛卡尔将这一原则运用到他的观念内容或者这些观念所代表的东西中。例如:

一个层面一个观念：关于白色的观念代表了一种确定的属性；

　　　一个层面两个观念：关于独角兽的观念代表了一种有限实体；

　　　一个层面三个观念：关于上帝的观念代表了一种无限实体。

　　当笛卡尔将充分实在原则运用于他的观念内容时，他得出这样的结论，即一种观念需要一种原因，这一原因至少要有与这一观念的内容一样多的实在。每一观念一定拥有在真实性上等同于这一观念内容的原因。如果 A 拥有比 B 程度低的实在，那么，B 观念不可能是由 A 造成的。

　　这就标志着上帝观念具有特殊性。只有上帝本身具有足够的实在来导致上帝观念的产生。其结果是，上帝观念是不能由上帝本身以外的任何事物造成的。笛卡尔确信，他拥有上帝观念。因此，他得出了上帝一定存在的结论。

　　笛卡尔说，诸如他自己这样的有限存在，不可能成为上帝观念存在的原因，因为有限存在比上帝拥有的实在要少。有限的心灵不足以导致上帝观念的产生。正如对于外在客体观念一样，笛卡尔认为，它们什么也没有包含，以致看起来它们不可能起源于我本身。外部实体或客体的观念可以由心灵来创造，因为心灵本身就是一种实体。

我们可以将笛卡尔关于上帝存在的第一个论证简要概括如下：

1. 我拥有上帝观念，
2. 这一观念一定有其原因，
3. 原因中的实在不能少于结果中的实在，
4. 如果我的上帝观念不是由上帝造成的，那么，原因中的实在一定少于结果中的实在，
5. 因此，上帝是存在的。

前文我们已经对第一个前提进行过探讨。第二个前提来源于充足理由律；而第三个前提就是充分实在原则。

第四个前提源自将充分实在原则运用于观念的内容或它们所代表的东西。这显然是论证中最有疑问的部分。尽管笛卡尔做了说明，我们仍有可能反对说，事实上所有观念都处于第一个层面。所有观念都是心灵的属性，而作为属性无论拥有什么样的内容，都应属于第一个层面。按照这样的理解，上帝观念与独角兽的观念就没有什么区别，因而也不需要特殊的原因。

笛卡尔将充分实在原则运用于观念的内容。在《哲学原理》中，他呼吁支持将这一原则运用于关于复杂机器的观念（AT VIII 11）。假定一个人产生了关于复杂机器的观念。他是从哪里获得这一观念的？要么他曾经看到某人制造过这样一台机

器，要么他的心灵足够高级或复杂到能够自己想到它。观念内容的复杂性或精细程度，一定有其产生的原因。基于这种考虑，笛卡尔认为，导致某一观念产生的原因，一定具有至少与这一观念所代表的东西一样多的实在。

需要注意的是，在他的著作中，笛卡尔仍然使用了至今困扰我们的经院式术语。他将观念的客观属性与形式属性进行了比较。在当时的条件下，他并未使用"客观"和"形式"这样的术语。"观念的客观属性"这一用语所代表的是观念的内容。"观念的客观属性"就是观念所拥有的属性的一种表述。我关于独角兽的观念，具有一种客体观念存在的客观属性。观念的形式属性，如同真实世界中的事件，就是观念所具有的关于某人意识的一种方式。正如我们所看到的，笛卡尔认为，充分实在原则应该被应用于观念的内容或观念所代表的东西。笛卡尔对这一点的表达，就是通过指出这一原则应运用于观念的客观属性而不仅仅是形式属性来体现的。

我们应该怎样看待上帝存在的第一个论证呢？首先，"实在的程度"这一概念是含糊不清的。尽管从逻辑上讲形式依赖于实体的存在，但是，被创造的实体仅仅在原因上是依赖于上帝的。因此，事物在不同程度上所拥有的"实在"的属性，不完全相同。形式对实体的依赖方式，不同于人们所期望的被创造的实体对上帝的依赖方式。

我们还有其他理由对笛卡尔的充分实在原则提出挑战。但更为重要的是，即使我们承认笛卡尔这个原则，他将这一原则应用于观念的特殊方式仍然是我们所不能接受的。对于笛卡尔来说，为了达到他所渴望的结论，即上帝观念一定是由上帝造成的，将这一原则应用于作为纯粹意识形式的观念（即应用于它们的形式属性），也是不充分的。作为一种意识形式，上帝观念与任何其他观念一样具有同等程度的实在。它仅仅是一种实体——心灵的特性。作为一种意识形式，上帝观念与任何其他观念一样，仅仅需要一种有限实体就可以产生，它是有可能被心灵所创造的。为了获得他所渴望的结论，笛卡尔必须将这一原则应用于他的观念内容（即应用于它们的客观属性）。这是他的论证的重要转折点，由此产生了所需要的第四个前提：某一观念产生的原因一定拥有与观念的内容同样多的实在。但是，为什么我们要接受这种原则的特殊运用呢？为了回答这一问题，笛卡尔仅仅利用关于复杂机器的观念进行了类比，而这一类比比较缺乏说服力。

复杂机器的类比可以用来说明论证的另一个问题。我们应该将这样一种机器的模型与一个孩子所画的机器图形做出区分，前者需要技巧，而后者却不需要。我们的上帝观念可能更像孩子的图画而不是机器模型。笛卡尔的论证要求我们应该具有一种关于无限存在的肯定观念。但是，也许我们的上帝观念并不像他所要求的那样。例如，它也许是一种不具备我们所具有的不完美和局限性的存在物的观念。这种观念有可能是从我们的局限和不完美中抽象出来的。拥有这种观念并不需要将上帝的存在作为其原因。这也许可以被称作是一种否定的上帝观念。沿着这条论证轨迹，即使我们接受了上述强调的充分实在原则的特殊运用，我们也可以否认这证明了上帝的存在。

本体论证明

在第五条沉思中，笛卡尔提供了一个更简单的论据来证明上帝的存在。

第一个论证是因果证明，而第二个论证则是基于上帝本质特点的本体论证明，这种证明最初来源于圣·安瑟伦（St. Anselmus）。事物的本质存在于其重要的属性之中，这些属性必然包含在这一事物的观念之中。一个三角形的本质是有三条边。不具有这一属性的事物的观念，不可能是有关三角形的观念。

通常，有关事物本质的知识，并没有告知我们这一事物的存在。一般来说，存在与本质是有区别的。然而，笛卡尔认为，对于上帝而言，二者却是统一的。上帝的本质包含着上帝的存在。上帝观念就是具备所有完美（或优秀品质）的存在。在笛卡尔看来，存在就是完美。哪一个更好一些呢，是一种并不存在的完美事物还是一种完美的存在物？当然后者更好一些。其结果是，存在是一种优秀品质，既然具有所有优秀品质，其结论（只能）是上帝是存在的。如果上帝不存在的话，那么，他将会缺少完美，而这是不可能的。

○
1. 根据定义，如果上帝存在的话，他就应具有所有的完美。
2. 存在是一种完美。
3. 因此，上帝是存在的。

对这一论证的重要批评后来因康德（Kant）而闻名，那就是，第二个前提是错误的，因为存在根本不是事物的一个属性。"约翰是高的"这句话赋予某个人一种属性，但是"约翰存在"这句话却并非如此。否认约翰的存在并非否认约翰具有某种属性。正如伽桑狄在反驳中所说的，"某种并不存在的事物，既不是完美的，也不是不完美的"。

要弄明白"存在根本不是一种属性"的方式之一，就是表明这一观点有可能产生荒唐的结果。如果存在是一种可与绿色相比的属性，那么，某些事物有可能具有这种属性，而其他事物则可能不具备。那些缺少存在属性的事物有可能被称作纯粹可能的客体。例如，你可能有多少兄弟呢？根据这一说法，对于事实上并不存在的纯粹可能的兄弟，其数量是不明确的。不管怎样，这一说法暗含着这样的意思，即大多数兄弟并不存在。"存在是一个谓项"意味着大多数兄弟并不存在。既然结果是荒唐的,那我们就应该对存在是一种属性加以否定。

进一步来说,对于纯粹可能的客体的个性化和认识,我们并没有清晰的标准。用蒯因(Quine)的一个例子来说,我们无法断定门口可能的秃顶男人与可能的胖子是不是同一个人。②对于一致性而言,当两个谓项由同一事物组成时,我们能够辨别它是自然而然的事情。但是,我们却不能将此运用于可能的客体。一旦有关纯粹可能的客体观念遭到怀疑,就不会出现将存在当作属性的情况了。

第二步:重构知识

笛卡尔逃离他自己观念的禁锢的策略,就是证明下列原则:

○ 基本原则:清晰而明确的观念是真实的。

我们可以将此原则称为纽带原则,因为它像一座桥梁服务于私人观念王国与外部世界。不要忘记,在这一论证阶段,笛卡尔仅仅能够确定他自己的观念。因而,他需要某种原则,而这种原则能够确定外部世界是什么样,但也仅仅是在观念如何与主体相似的基础上。纽带原则就是这样一种原则,不管清晰明确的观念是建立在它如何与心灵发生冲撞还是它的感知如何,都是如此。换言之,如果一种观念是清晰明确的,那么,当我拥有这一观念时,我就能够懂得它就是那个样子。清晰的观念是这样一种观念,它是开放的,出现在专注的心灵之中。一种明确的观念不包含任何未确定的东西(AT VIII 22)。

"清晰而明确的观念是真实的"作为一般原则,为我们提供了一种避免错误的方式。我们必须停止对不清晰、不明确观念的支持。一个人是否赞成一种观念或判断它是真实的,涉及意志问题。建立纽带原则的第一步,就是为上帝的存在进行辩解。第二步则是证明下列论证中的第二个前提。

1. 上帝是存在的。
2. <u>如果上帝存在,那么清晰而明确的观念是真实的。</u>
3. 因此,清晰而明确的观念是真实的。

由于上帝是一个完美的存在,"上帝是不可能有错误或缺陷的"。因此,他不是一个骗子,而且他也不希望将我们带入歧途。这样,我们就能确信清晰而明确的观念是真实的。

纯粹的精神影像和感觉的存在,没有给我们提供任何理由使我们认为存在着与它们相联系的客体。然而,我们有一种强烈的自然倾向,相信物质客体世界的存在,相信我们的观念是由它造成的。而且,这一倾向经得起理性的考验。所以,如果感觉总体上不是由这样一种实在导致的话，那么，我们就有可能被上帝欺骗了，而这是不可能的。笛卡尔谨慎地指出，这并不意味着所有客体都如同我们感知到的那个样子，对于感觉来说，也许在许多方面是模糊的、令人困惑的。

通过第六条沉思，笛卡尔重构了他关于世界的知识，并回答了第一条沉思中提出的怀疑问题。通过研究，他有了更多的收获。

首先，他认识到，感觉经验本身根本不能成为获得知识的可靠途径。感觉经验必须通过理性来证明其正确性。正是理性在某个时候、以某种方式表明感觉经验的可靠性。笛卡尔并非不得不放弃将感性知觉作为知识源泉的观点，但是也没有被迫毫不怀疑地依靠感性知觉。理性是知识的首要源泉。

其次，这一研究为笛卡尔提供了进一步进行探索的方法论原则。特别是，他懂得可以相信清晰而明确的观念，懂得必须拒绝令人困惑的、模棱两可的观念。这一点对于笛卡尔建立其物理学基础是非常重要的。

再次，在新科学与宗教之间进行协调，这一没有见诸文字的目标，在这里得到部分实现。对于自然的适当的科学研究，必须根置于清晰的方法论原则，但是，这些原则要求我们证明上帝的存在。至少在这一方面，科学不是对宗教的挑战，因为真正的科学需要上帝的存在。

最后，在完成这部分研究工作之后，笛卡尔产生了一种关于物质世界到底是什么的相当不同的观念。例如，正如我们在下一章将要探讨的那样，他已经得知，事物并非真正地具有颜色，而他将确立物质的真正本质。

这是进行进一步研究的方法。然而，在此之前，我们必须思考笛卡尔策略的两个难题。第一个难题是，有人抱怨说，他回避问题的实质而陷入循环论证。第二个难题是，有一种观点认为，他不可能提供错误的信念。

笛卡尔的循环论证

笛卡尔早年似乎被禁锢在他自己构筑的观念王国之中，不能表明这些观念之中是否有些观念表达了外部实在。既然现在已经证明了上帝的存在，那么，他就能够确信，当他赞成一种清晰而明确的观念时，他将会拥有一种真实的信念。因为对于那些我们看起来清晰而显然的东西，上帝无法欺骗我们。笛卡尔通常被指责在这里陷入了循环论证。阿诺尔德（Arnauld）把这一循环表述如下：

> ……仅仅因为我们清楚而明确地感知到上帝的存在，我们能够确信上帝是存在的。因此，在确信上帝存在之前，我们应该确定我们清楚而明确地感知到的东西是真实的。

如果笛卡尔在证明上帝的存在中使用只要被清晰而明确感知到的东西就是真实的原则，他就不能利用上帝来建立那一原则的真实性。那将是一种循环论证。

有两种方法可代表笛卡尔对此做出回答。首先，我们能够指出，笛卡尔有两个证据来证明上帝的存在，这显然没有依赖"清晰而明确的观念是真实的"这一观点。它不是这两个论证之中的任何一个论证的前提。用这种方法，笛卡尔能够证明上帝的存在，而不需要首先明确地确证"清晰而明确的观念是真实的"。

其次，对于上述问题的回答是，为了能够推论，笛卡尔必须含蓄地依据"清晰而明确的观念是真实的"这一观点。为了在这一观点上为笛卡尔辩护，为了表明笛卡尔并没有陷入模棱两可的循环论证，我们应该回到怀疑的本质。根据笛卡尔的观点，当某人对一种清晰而明确的观念进行思考时，他就"不得不赞成"它。对于这些观念，"如果不相信它们的真实性，我们就无法思考它们"。当我们拥有清晰而明确的观念时，就不能怀疑它们。但这一点似乎与"怀疑方法"相矛盾，因为在各种观念当中，遭到怀疑的总是那些清晰而明确的观念。例如，命题"2+2=4"形成了一个明确的观念，但是，数学却遭受着怀疑。事实上，怀疑方法在思考清晰而明确的观念时并不涉及对这些观念的怀疑。在对数学命题的怀疑中，笛卡尔并没有特别提出针对"2+2=4"命题的怀疑，而是提出了对作为整体的数学命题的怀疑。怀疑方法并不涉及对清晰而明确观念的怀疑，而是对我们的整个判断和能力的可靠性的一般系统的怀疑。③

现在我们能够明白笛卡尔是如何避免循环论证的指责了。他从来没有把上帝的存在作为接受特别清晰而明确的知觉或直觉之真实性的根据。根据他的观点，有直觉的明晰性就已足够了。所以，当笛卡尔使用特别清晰的直觉事实来证明上帝的存在时，他并未陷入循环论证。同样，他也没有利用上帝的存在来证实那些特别清晰的直觉的真实性。

尽管在我们拥有清晰而明确的信念时不能对它们产生怀疑，但是，整个直觉能力有可能被误解的"形而上学的可能性"仍然存在。被笛卡尔所利用的上帝的存在只是减轻了这种一般的、系统的怀疑。引入上帝并不是要证实"被感知到的清晰而明确的东西是真实的"这一原则，而只是为了应付对于清晰观念的真实性的一般的和系统的怀疑。这并非循环论证。笛卡尔运用特别清晰的观念的真实性是要确立上帝的存在，并由此证明作为整体的直觉的一般可信度。假定现在我有一种清晰而明确的观念。当我拥有这种观念时，我确信这是真实的。但是这里存在一个问题：坚持这一观念是困难的，而且，当它根本不是靠直觉获得时，我就不能再确信它是真实的了。总之，一旦我得知上帝是存在的，这一问题便得到解决。因为如果上帝存在的话，我就可以确信我的清晰而明确的观念，即便我不是靠直觉得到或拥有它们。笛卡尔对伯尔曼（Burman）说，上帝存在的证据可以在一个思想中获得。一旦我们清楚地感知到上帝的存在,知道他并不是一个骗子,那么,我们就能减少对整个直觉的怀疑。

虚假信念

上帝确保着清晰而明确的观念是真实的。笛卡尔知道,上帝不会欺骗他。上帝不会将他引入歧途。一旦笛卡尔确定了这一点,他就具备了一种指导所有探索的方法论原则,一个避免错误的方法。无论怎样,假定上帝是无所不能、仁慈而尽善尽美的存在,那么,他怎么可能犯错误呢?如果上帝是尽善尽美的,那么事实上我们根本就不可能陷入错误之中。但是,我们的确会犯错误。为什么第三条沉思中上帝的保证没有排除所有的虚假信念呢?

在第四条沉思中,笛卡尔试图通过对什么是错误进行解释来解答这一问题。对错误的说明是笛卡尔整个工作的重要组成部分,因为这一理解有助于我们在力所能及的范围内避免错误。

笛卡尔无意探讨上帝为何竟然把他创造为不完美的问题,因为笛卡尔认为探讨上帝的目的是鲁莽的和毫无结果的。笛卡尔的意图在于探讨什么样的人类局限性会导致错误。

笛卡尔将所有思想分为两类:观念和意志。观念就好像是头脑中的印象,因为它们表示诸如关于山顶上的房子的观念。然而,观念本身无所谓真假;它们必须被判断为真或假,因为存在着错误的可能性。因此,就需要第二种思想,即意志。

意志大体上就是某个人在观念的指导下所做的事情。它们是精神上的态度,笛卡尔在第三条沉思中引证了四种这样的意志:渴望、恐惧、肯定和否认。恐惧和渴望是意志的活动。肯定和否认是两种判断,包括反对某一命题的内心态度。在笛卡尔看来,它们都是意志的活动。

根据这种观点,笛卡尔认为,所有精神活动都由两部分组成:针对观念的内心态度。根据当时的术语,诸如判断等内心活动都由混杂在一起的两个明确部分组成:命题态度和命题内容。根据笛卡尔的观点,与这两部分相联系,还有两种能力:理解与意志。前者引出命题的内容;后者则予以肯定或否认。在给勒卢阿的信中,笛卡尔写道,"理解可能是心灵的消极方面,而意志则可能是其积极方面"(AT III 372)。

因此,根据笛卡尔的观点,信念包括属于意志活动的判断。这是否矛盾?我们能否认为信念是意志的一种活动?当然,在这一点上,我们相信什么并不取决于我们自己。通常我们并不决定相信什么。回答是:笛卡尔的理论并非那种由我们来决定相信何种东西的理论。根本不存在任何先验的决定活动。④相反,他的理论是那种涉及意志活动的相信。

笛卡尔对于判断的两方面说明,可能解释了信念为什么具有不同强度，以及为什么或多或少是确定的原因。它同时还解释了笛卡尔是如何看待知识训练的——把它看作是一种意志培养。更为重要的是，它对错误可能产生的原因做了解释。

当理解和意志运用不当时，错误的信念就有可能产生。理解与意志本身都不是导致错误产生的原因。在笛卡尔看来，因为"我的意志比我的理解所扩展的范围更广，并且在这同一范围内我对它不加限制，反而将它运用于我所不理解的事物"，因此错误便产生了。换言之，因为意志是无限的，而理解是有限的，当意志对那些没有得到适当理解的观念持赞成态度时，错误就会产生。

虚假信念问题有点像著名的恶魔问题。在这两种情况下，其问题都在于，一个无所不能的上帝如何会容忍它（即，一方面，全能的上帝如何会容忍恶魔？另一方面，他又如何能容忍错误）？对恶魔问题的传统解决办法是诉诸自由意志。笛卡尔对于错误问题的解决方法同样是诉诸自由意志。错误就是虚假判断，而判断则是意志的活动。在做出判断时，我必须谨慎运用上帝通过支持我的清晰而明确的观念而赋予我的适当自由。这是我的责任。在我的清晰而明确的观念是真实的意义上，上帝保障我的能力总体上是值得信任的。这是上帝的责任。其结果是，如果一个人正确地运用其能力的话，就不可能做出错误的判断。笛卡尔说，错误会发生这一事实的含义在于"我存在一些不完美"（AT VII 56）。

注释：

① 当然，这种解释方式并非笛卡尔本人的。

② W. V. O. 蒯因：《何物存在》，见《一种观点的逻辑要点》，哈佛大学出版社，1961 年。

③ 本部分参见安东尼·肯尼：《笛卡尔》，蓝登书屋，1968 年，第十章。

④ 戴维·罗森塔尔：《意志与判断理论》，见 V. 查普尔主编：《笛卡尔沉思集》，罗恩和利特尔菲尔德，1997 年，第 140 页。

8

On Descartes ——— 物质

笛卡尔对科学的兴趣非常广泛而且不断变化。当他于1629年第一次移居荷兰时,他的兴趣从数学转向自然哲学。他对物理学的主要兴趣集中于光学和折射原则。他关于光学的论文于1637年发表,其中包括现在被称为"斯内尔定律"(Snell's law)的早期观点。从早年在巴黎开始,笛卡尔就已经计划制造一台能制造不变形透镜的机器。从这一最初萌芽开始,其他兴致也迅速增加。他开始对光发生兴趣,而且他关于物质世界的新的统一概念很快有了明确轮廓。他同时也对身体的活动机制产生了兴趣,并从地方屠宰店购买了尸体来从事解剖工作。

笛卡尔的体系依赖于下述观念：物质世界仅仅是由物质及其时空属性组成的。笛卡尔认为，物质的所有本质在于其在空间上的广延。物质的本质仅仅存在于诸如形状、大小和运动等属性上。

为了表明物质的本质仅仅是其空间上的广延，笛卡尔指出，一个物质性的躯体，除了丧失其广延性以外，丧失了任何其他属性都仍然是一个物质性的躯体。事物的本质就是那些属性，离开它们，事物就不再存在。所谓本质，就是事物所必须具有的东西。他在《哲学原理》第二部分中指出，物体可以失去硬度、重量、颜色以及温度等而不影响其存在。既然物质不能失去广延，那么，广延就是物体的本质属性。从这种简单的观点出发，我们就能理解笛卡尔关于科学问题的许多观点：解释、各门科学的统一以及方法论。

解释

笛卡尔认为，所有物理变化都应该仅仅根据广延性来解释。这是一个简单的然而却是革命性的变革。经院哲学家们习惯于根据超自然的形式或特性来解释各种变化。17世纪的一位经院哲学家尤斯塔斯（Eustacius）曾经写道：

个体行为适合于每一单独的自然物,正如理性适合于人类、嘶叫适合于马、热量适合于火,等等。但是,这些行为并不是由物质引起的……它们必定起源于实体的形式。①

经院哲学家们可能会援引《论世界》中的例子,指出木材燃烧是因为它具有易燃的形式。笛卡尔试图在不与经院学派发生冲突的情况下摧毁经院哲学的基础。笛卡尔认识到,经院式的解释存在三个问题。首先,说"木材燃烧是因为它具有可燃的属性"实际上并没有做任何解释。笛卡尔认为这些形式本身是需要解释的。经院式的解释并未阐明是什么东西使得木材易于燃烧。其次,将这些形式或属性假定为物质之外的存在物,从本体论上说有些过分。最后,笛卡尔抱怨说,通常的经院解释都是将"微小心灵"的属性等同于无生命肉体的属性(AT III 648)。例如,他们认为重量是某种精神性的东西——一种与躯体相联系的实体,它把躯体运送到地球的中心,好像它本身包含着某些有关地球中心的思想(AT VII 442)。换句话说,经院哲学把精神观念投射到物质世界之中。

笛卡尔根据事物之组成部分的广延性,用机械论解释的观念代替了经院哲学的观点。既然所有物质都属于同一种类,都受制于相同的法则,那么,躯体的不同反应一定可以按照组成它们的较小躯体(微粒)的不同形状、大小和运动来进行解释。笛卡尔认为，根据几条简单原则，我们就能阐明"星星和地球以及我们在地球上能够观察到的任何其他东西，如同种子发芽一样得到了发展"。他说，"由于对所有自然现象都可以进行这样的解释……我认为，不应该接受其他的物理学原则"（P II 64）。

科学的统一

在《哲学原理》的前言中，笛卡尔把知识比作一棵树："形而上学是树根，物理学是树干，而各种其他科学则是树干上的树枝，它们可以归纳为三门主要科学：医学、力学和伦理学。"形成哲学之树干的一般自然法则，可以从作为树根的形而上学基础中推导出来。例如，第一运动定律（任何物体在不受外力作用的情况下，将始终保持运动或静止状态）可由充足理由律推导出来。

笛卡尔从很早的时候，至少从1619年开始，就在构想知识的统一。在《指导心智的规则》中，他就与那些"认为每门科学必须单独加以研究，不用考虑其他任何科学"（AT X 360）的人进行过争论。这样一种态度会阻碍人们对一般解释性原则的探索。假定物质以及支配物质的规律具有统一的本质，那么随之而来的就是科学的统一了。

方法论

在《方法论》的第六部分,笛卡尔对其方法进行了总结:

> 首先,我试图发现任何事物的一般原则或首要原因……接着我要考察从这些原因中可推导出的那些首要的和最普通的结果……然后,当我试图再往下推出更特殊的东西时,我的面前出现了众多形形色色的事物……(我曾经)……利用许多特殊的观察数据。(AT VI 63)

正如我们所看到的,笛卡尔认为,最一般的自然法则可以借助理性从最基本的形而上学原则中推导出来,这些原则本身是靠理性建立的。例如,笛卡尔从上帝永恒不变的本质中推导出两个运动规律:形状、大小和直线运动的持续性的动量守恒规律和相互影响规律。这就是自然哲学需要形而上学基础的原因。

然而,这并不意味着对观察在科学中的作用加以否定。尽管笛卡尔认为感性知觉具有令人困惑的本质,但是,他却把自己的生命贡献给了所有科学领域的实验观察。而且,他自己对科学方法的解释阐明了实验的必要性。自然事物的特殊变化要求我们进行观察。更进一步说,在特殊的层面,由于我们要对自然做出解释,因此就需要构筑假设,并针对经验和观察来检验它们。对于事情为什么会发生，可能存在着几种可替代的对立解释。笛卡尔说，"为了进行解释，能够设想一种原因，即使它是由其他原因引起的，而我们并不知道哪一个原因是真实的，它也能够对有疑问的结果产生影响"（1646年10月5日）。我们只有进行观察，才能了解哪一种可能的解释在一个特殊事例中是真正有效的。

《沉思集》为笛卡尔的自然哲学或物理学提供了形而上学基础。这种基础性存在于哪里呢？首先也是最重要的，这种基础性存在于物质的全部本质在于其广延性这一论断上。对这一论断的基本含义我们已经做了分析。其次，这一论断得到笛卡尔关于清晰而明确的观念理论的支持。他断言,物质的躯体"拥有我所清楚而明确理解的所有属性，那就是……所有这些都出现在纯粹数学的主题内部"（AT VII 80）。换言之，当我们在广延的几何属性中掌握物质客体时，我们可以清晰而明确地理解它们。根据物质是广延的观点，笛卡尔为其科学的数学观提供了支持。因为广延和运动显然是可量化、可测量的。这意味着它们是清晰而明确的观念。

推　论

笛卡尔关于作为广延性的物质概念有一些基本结论。首先，它表明真空是不可能的。笛卡尔认为，作为广延性的物质与物理空间是同一的，因此，不可能存在空洞无物的空间。他同时认为，真空是不可能存在的，因为如果两个物体之间什么也没有，那么它们一定是相互接触的（见《哲学原理》第二部分，第 18 页）。其次，他的物质概念也表明，没有不可分的原子。物质的所有部分一定是广延的，像空间一样的任何广延的东西是无限可分的（见《哲学原理》第二部分，第 20 页）。再次，笛卡尔坚持认为，物质的所有属性一定可以根据物质的运动得到解释。但是，既然没有真空让物体占据，"物体的唯一可能的运动就是循环"。当物质的一部分运动时，它就会将另一部分推出它所进入的空间，被推出的部分又推动另一部分，依此类推，直到一个物体进入第一个物体"在那一瞬间离开后"所腾出的空间。最后，笛卡尔的物质观排除了力和作为基础的硬度。然而，笛卡尔坚持的是逻辑上的真实性，即两种事物不可能在同一时间占据同一空间，因而，占据了空间一部分的物质就会将占据相同空间的另一物质排挤出去。对于笛卡尔来说，重量也不是一种固有属性，它不过是一种物体运动时的力。

正是笛卡尔的物理科学概念，使得他将物质世界看作是一个连续的、无限的、广延的整体。这一观点的形成要早于斯宾诺莎（Spinoza）"实体是唯一的"观点。因此，虽然存在大量精神实体，但严格地说，只有一种广延的实体，即作为整体的物质世界。特殊的客体只有通过运动的差别以及物质所处空间的不同来加以识别。客体因物质运动方式的不同而被区别开来。或者正如肯尼（Kenny）所表述的，"一个物体"仅仅意味着同样多的物质运动到一起。②

第一性的质和第二性的质

笛卡尔的物质观还有一个更重要的推论，即对后来被洛克（Locke）称为第一性的质和第二性的质做出了区分。根据这一观点，所谓的第二性的质，诸如温度、声音、滋味、颜色和气味等，根本不是客体的属性。它们只是由于身心之间的相互作用而存在于心灵之中的令人迷惑的观念。严格说来，物质根本没有颜色。笛卡尔写道，"通过感觉，除了外部客体的形状、大小和运动之外，我们对它们一无所知"（AT VIII 321）。光、颜色、气味、声音、冷和热仅仅是导致我们某种神经运动的客体的属性。例如，树本身只有广延的属性。当我们感知到一棵树具有颜色，只是因为树的广延属性的某些变化使我们产生了绿色的观念。树本身是没有颜色的，而只是具有使我们产生颜色观念或感觉的能力。

笛卡尔坚持这一观点的原因之一在于，第二性的质并不是清晰明确的观念。判断一棵树本身是绿色的，就是赞成一种令人迷惑的观念。在这里，笛卡尔将颜色观念与广延和运动的清晰而可量化的观念做了比较。在《哲学原理》中，他证实，认

物质 103

为客体本身是有颜色的就如同判断疼痛是某种真实的、存在于心灵之外的东西一样（AT Ⅷ A 33）。

笛卡尔坚持这一观点的另一原因在于，他认为，第二性的质在关于知觉的充分生理学解释中没有发挥什么作用。根据运动物质对心灵的影响，可以对知觉进行充分解释。而且，笛卡尔的物质实在概念，就是真实的或独立于观察者的世界的概念。应该将真实世界的概念与展示在我们面前的世界概念进行比较。假如进行这种比较的话，那么，将颜色以及其他第二性的质从真实世界排除出去就成为自然而然的事情了。③这就是为什么我们关于颜色的经验依赖于对作为一个种类的我们来说非常独特的生理因素的原因。例如，狗根本看不到颜色。另一方面，所谓的第一性的质似乎不是以同样方式存在的种类或个别关系。由于这些原因，颜色和其他第二性的质，通常被排除在真实世界的科学图景之外，而诸如形状、大小以及运动等第一性的质则包括在其中。

注释：

① 加伯，"semel in Vita"，见阿米利·罗蒂主编：《笛卡尔沉思集随笔》，加利福尼亚大学出版社，1986年，第86页。
② 安东尼·肯尼：《笛卡尔》，蓝登书屋，1968年，第214页。
③ 伯纳德·威廉斯：《笛卡尔：纯粹探索工程》，佩利肯书屋，1978年，第六章。

9

On Descartes ——— 动物与机器

> 在人类的机巧所能设计的最强大的机器、最不同寻常的自动装置、让人印象最深的幻想以及最精致的技巧使你感到惊奇之后,我要向你展示它们背后的秘密。这些秘密是如此简单和明确,以致你再也没有理由对人类的双手所创造的任何东西感到吃惊。然后我将向你展示自然的活动。在向你说明她的所有变化的原因、其特性的多样化之后……我将向你阐述通过感觉可感知到的实在的全部内涵。

这些话是笛卡尔在其未完成的对话录《真理的探求》中的化身厄多克斯(Eudoxus)所说的。笛卡尔的观念就是:自然界是一个复杂的物理过程,而作为自然界一部分的动物也是如此。由于这个原因,可以将它们比作钟表机械。真正的鸟与马戏团里用于表演的玩具机械鸟相比,差别只是程度上的,而不是原则上的。在《人体描述》中,笛卡尔写道:

> 我将试图对整个机器的机体做出充分说明，以使我们不再有理由认为是我们的灵魂导致了运动。这并不是由意志控制的，我们也没有理由认为，钟表中有一个能使它告知人们时间的灵魂。（AT XI 226）

高克罗杰讲述了一个有关笛卡尔的奇特故事。① 在18世纪和19世纪流传着这样的流言蜚语：陪伴笛卡尔度过晚年的是一个仿真的雌性玩具娃娃，而这一玩具是他制造出来用以说明动物没有灵魂的。流言说，在他的私生女弗朗辛去世后，笛卡尔给这个玩具娃娃起的名字与他女儿的名字很难辨别。显然，这则故事是对笛卡尔秘密进行的对心灵机械论和唯物主义的研究，并将其观点由动物扩展至人类这种（实际上是错误的）说法的反应。

笛卡尔似乎对动物的精神状态给出了一种因果式解释。他并未否认动物具有精神状态。他实际上确证了动物具有感性知觉和想象力。根据笛卡尔的观点，撇开动物是否具有意识的问题不谈，很显然他认为，某些动物的精神状态可以用机械论观点进行解释。这是解释精神状态的一种模型——因果解释。

另一模型就是笛卡尔提出的至今仍然著名的观点：对精神状态的内省解释。这就是他对有意识的精神状态的解释，适用于像我们人类这样的理性存在物。带着这种情绪，笛卡尔在第二条沉思中写道:"我清楚地看到,对我来说,没有什么比我的心灵更容易了解的了。"这些言语不仅明确界定了笛卡尔的认识论难题(如何从观念知识达到客体知识),而且也体现了其关于精神状态观点的特征。观念是直接感知的对象,而心灵则是拥有这些观念的东西。观念如何被感知决定着它们是其所是。

本章我们将对这两种非常不同的精神状态观——内省的精神状态和因果的精神状态——之间的关系做出解释。笛卡尔的二元论及其心灵本体论将在下一章介绍。

心灵的本质

我们还是把这一问题放在《沉思集》一书的上下文中去考察。在第二条沉思中,在提出"我思"之后,笛卡尔对他自己的存在确信不疑。不过,在这一阶段,他还没有确定更多的其他东西。他尚未确定他具有躯体,因为外部客体仍然处于怀疑之中。同时,他尚未确定他是什么。他的下一步工作就是要找到他的本质特点是什么。在第二条沉思中,他指出,他是一个思想存在物,其本质就是思想。

使用"思想"一词,他所指的是一系列有意识的精神状态的范围,因而正在体验着精神状态的他能够直接意识到它们。

它包括人们能够意识到的任何精神活动。使用"本质"一词，他是指实体必定具有的那些属性。不再拥有本质属性，也就是不再存在。

在第二条沉思中，笛卡尔指出，他的本质就是思想，因为他不思想是不可思议的。他似乎是按如下方式直接从"我思"得出他的本质是思想的论断的：

(1) 我不能想象我自己不会思想，
(2) 离开思想我不能存在。

上述论证（1）隐含着论证（2）。问题在于论证（1）意味着：a）为了构想我自己，我不得不思想。这显然不同于推导出（2）所需要的前提，也就是b），将我自己构想成一个不思想的存在是不可能的。

在第二条沉思中，笛卡尔指出其本质就是思想。在第六条沉思中，他更为有力地论证了他的全部本质就是思想的观点。他的唯一本质属性就是思想。心灵只有一个而且仅仅有一个本质特性或属性。这意味着心灵的所有属性均是其本质属性思想的形式或变体。心灵的所有属性仅仅是不同种类的思想。

按照这种方式，笛卡尔的心灵观与其物质观是相似的。正如我们在前一章所看到的，根据笛卡尔的观点，物质的全部本质在于其广延性。物质的所有属性仅仅在于其广延的模式。现在，笛卡尔对于心灵和思想得出了一个相似的结论。1644 年 5 月 2 日他写道：

○ 灵魂与其观念的差别确切地说就像一根蜡与其所能展现的不同形状之间的差别。(AT IV 113)

在第六条沉思中，笛卡尔论证了其全部本质就是思想的观点。在第六条沉思中，他可以利用在第二条中不适用的"清晰而明确的观念是真实的"原则。他认为，对于每一种属性而不是思想而言，他能够清晰而明确地看到，离开那种属性他也有可能存在。②

○ 除了我是一个思想存在物之外，我没有注意到其他任何事物必然符合我的秉性或本质。我会理所当然地得出结论，我的本质仅仅在于我是一个思想存在物这一事实。

作为一个思想存在物，他对自己有着清晰而明确的观念，这一观念包括不把他自己感觉成其他任何事物。因此，他的唯一本质就是思想。在第六条沉思之后的内容中，笛卡尔利用这些观点论证了二元论——心灵与肉体是不同实在的本体论。不过，我们应该将笛卡尔的本体二元论（下一章的主要内容）与他关于心灵和意识的本质（本章主题）的观点分开考察。

思想的两个方面

思想包括两个方面。笛卡尔通过谈论"观念"的含糊性阐释了这一观点。某些时候，它实质上应该"被看作是一种智力活动"。或者，它可以被当作是"在客观上由这种智力活动所体现的事物……即使它并非如人们所期望的那样存在于智力之外"（AT VII 8）。

思想的第一方面在于发生在心灵之中的精神活动或事件。根据笛卡尔的观点，有两种不同的精神活动：知觉和意愿。同样的区分适用于单个的思想：知觉和意志。其主要区别在于，我们在知觉方面是消极的而在意志方面是积极的。在这种意义上，观念就是心灵中的有意识的事件。

思想的第二方面是那些活动的内容或精神客体。在这个意义上，一种观念就是所表现的、所想到的和所意愿的内容。它们是意识的客体。③

心灵的这两方面彼此需要。每一种精神活动或事件一定有其内容或精神客体。与此相似，精神客体也不能离开某种思想活动而单独存在。按照笛卡尔的说法，根据"观念"一词的物质含义，所有观念都表现了某种东西，而且，根据这一词的客观含义,由观念所体现的内容永远是一种观念。

换言之,在笛卡尔看来,无论某人何时思想,思想总有一种客体,而这一客体就是思想者心灵中的某种东西。当我想到月亮时,我的思想有两个方面:有意识的思想本身以及我正在思想的观念。正如我们在第四章所看到的,笛卡尔有力地论证了观念与它在世界中应该体现的东西之间的根本区别。我必须在我的观念与月亮本身之间做出明确的区分。即使月亮本身并不存在,我的思想也体现了某种东西。因此,它所代表的是关于月亮的观念。换句话说,我所感知的东西并不是月亮本身,而是关于月亮的观念。

内省性解释

根据笛卡尔的观点,精神状态的内容或者观念应该通过它们如何被拥有它们的人所感知而得到界定。我们可以将此称为关于精神状态内容的内省主义或内省性解释,因为它肯定了精神状态是由它们的内省感觉所界定的。笛卡尔将观念定义为知觉的直接客体。这似乎是对精神状态所做的一种主观的和本质上是私人的界定。疼痛之所以为疼痛,原因就在于经受它的人的感受方式。

这种对精神状态的内容或观念的内省性解释意味着,精神状态既是明显的又是不容修正的。

○　　说它是明显的是因为如果我正在思想，那么我必定知道我在思想。我不能无视它的存在。
　　说它是不容修正的是因为如果我认为我正在思想，那么，我正在思想就是真实的。我不能误解它。

这两个论断对于精神状态的范例似乎是正确的。例如，"明天天气会热，我将去海滩"这一思想，似乎我不能误解或无视具有这种想法。在你不能误解或无视它们的存在的意义上，我们有可能说，这种精神状态似乎完全地呈现在意识当中。

然而，并非所有精神状态都符合这种范式。例如，你在一场白日梦中迷失了自己。你发现自己正驱车去银行，而且你意识到，你一定想过你需要钱。另一个例子：通常我们会对自己真正想得到的东西产生误解。

心灵的因果分析

有些精神状态并不符合笛卡尔的内省性范式。然而，关于心灵的因果论或功能论主张，整个内省性范式都被误解了。

与之不同的选择是，精神状态应该通过它们的因果作用得到确认和界定。例如，疼痛对行为具有某种潜在的影响，而且导致疼痛产生的原因具有典型性。这就是为什么要将它确定为疼痛的原因。处在疼痛之中，就是处在一种可以导致这种行为或行动的状态之中。在某种既定条件下（例如，假使不受约束，一个生气的人将如何行为），任何精神状态都会对行为产生一系列潜在影响。这些倾向是其因果作用的一部分，它们可以对精神状态予以界定。同样，感觉通常是由具有典型意义的公共原因所确定的（例如，当你听说黑板被胡乱涂抹时产生的感觉）。在更为一般的意义上，精神状态是通过其因果作用来界定的：作为一种意向状态，在某种条件下由于某种原因以某种方式表现。

功能主义为我们提供了一种关于精神状态内容的因果分析，这一分析考虑到了精神状态之间的相互联系。功能主义部分是通过与其他精神状态相关的因果作用来确定精神状态的，而且按照这种方式，它避免了过分简单化的行为主义难题。假如获得了某种感觉信息或精神状态的话，功能主义者有可能将精神状态定义为某种行动的意向和具有其他精神状态的意向。

功能主义的解释给我们提供了一种思考方式，这种方式认识到了客观而公开的标准对于精神状态的必要性。这就是它与内省性方式之间的巨大差别。内省性方式所提供的基本上是第一人称形式的主观标准。本章接下来将对此差别进行考察。

笛卡尔与动物

鸟有意识吗？它们了解自己所处的环境吗？回答当然是肯定的。尽管笛卡尔否认动物有心灵，但他确实认为它们具有某些精神状态。在 1646 年 11 月的一封信中，他写道：

> 狗、马以及猴子经过训练而做的所有事情，都不过是它们的恐惧、希望或快乐……的表达。（AT IV 574）

对于笛卡尔来说，这意味着即使动物并不拥有非物质的心灵或灵魂，它们也是有情感的。由此我们可以得出结论：

a）笛卡尔认为，有些精神状态具有纯粹的物质基础，并能够根据机械论加以解释。这是因为那些没有灵魂但却拥有高度复杂的机器般躯体的动物确实拥有某些精神状态。因此，这种精神状态能够根据因果的或功能主义的观点得到解释。

b）对于其他精神状态，譬如思想，则不能如此对待。因为它们需要一种非物质的心灵的存在。必须根据内省性解释对这些精神状态做出说明。

这就提出了两个相当有趣的问题：笛卡尔如何对两种精神状态做出区分？其依据是什么？从文本上看，对第一个问题有两个不同的答案。

第一个答案：就情感和知觉观念是动物躯体内的变化而言，动物能够具有情感和知觉观念。由于缺少灵魂，动物不具有任何意识体验。因此，它们不具有包括具有情感和观念在内的意识体验。意识需要非物质的心灵的存在。

第二个答案：动物能够具有关于情感和知觉观念的意识体验。由于它们没有灵魂，动物不具有自我意识。一个动物可能是有警觉的，但它不可能意识到它具有这种警觉。自我的警觉需要非物质的心灵的存在。

这两个答案中哪一个更像笛卡尔所思考的答案呢？从文本中很难看出来。让我们把不能确定的东西先放到一边。第二个答案更为符合我们对于其他动物的直觉，但是它所具有的含义却是有趣的，即笛卡尔坚持意识（尽管不是自我意识）的因果式的或功能主义的解释。

无论哪一种情形，笛卡尔都是根据语言和理解力来做出区分的。笛卡尔也许会承认，制造一个行为上与其他动物无法区分的自动机械装置是有可能的。然而，就人类而言，制造一个机械复制品是不可能的，因为

> 制造一种可以对文字进行不同的排列，从而能对给它所提的任何问题做出恰当而有意义的回答的机器，这是难以想象的，而一个最愚昧的人也能够做到这一点。（AT VI 56）

在《方法论》的第五部分，他也谈到，一台机器有可能揭示出它并不是靠理解力来运作的，因为不可避免的是，即使在其他方面机器的能力较为突出，但是，在完成某些任务方面，它却比不上人。换言之，计算机可能在下棋或演奏乐器方面表现突出，但是，有一些任务它是不能胜任的（例如，使两个争吵的亲戚和解）。机器所缺少的是理性，而理性是"可以用于所有场合的万能工具"（AT VI 56）。在笛卡尔看来，这是两个明显的标志，我们可以通过它们对拥有灵魂和不拥有灵魂的存在物做出辨别。

不明显的分界线

根据笛卡尔的观点，在具有灵魂的人与机械之间、无灵魂的动物与机器之间存在着一条明显的分界线。这条分界线就在于语言和理性。

关于动物行为和人工智能研究方面的最新进展，对这种认为人与机械、动物与机器之间存在明显分界线的观念提出了挑战。例如，最新进展表明，教黑猩猩和大猩猩掌握符号语言是可能的。类人猿使用符号语言的方式显示出它们具有复杂的语言能力。例如，它们使用的符号语言中出现了一些句法结构。在"我恨你"与"你恨我"之间存在一种差别。这种差别通过词的不同位置得到说明，很显然，类人猿有能力进行鉴别。语言能力的另一个特点是，我们能够在新环境中使用旧词汇。猴子也能做到这一点。它们不仅能在新的条件下使用旧词，而且能够创造新词。例如，一种名为科克（Koko）的猴子就能把葡萄柚称作"黄橘子"。

一般说来，笛卡尔所提到的明显的机械行为与能够适应新环境的智力行为之间的差别，似乎只是程度上的差别，而不是本质上的差别。如果人工智能的某些基本论断正确的话，那么，其差别只不过是一个复杂性问题。

显然，笛卡尔所看到的人类与其他动物的本质差别，都仅仅是程度上的差别。果真如此的话，那么，他的人类精神状态的内省观就很容易遭到非议。如果我们能够对鸟儿和猴子的精神状态做功能主义的解释，那么，这同样适用于缺乏语言能力的人。如果我们能够对具有一些语言能力的类人猿的精神状态进行功能主义的解释，那么，同样类型的分析也应该适用于词汇贫乏的人。换句话说，如果只是程度上的差别，那么，功能主义分析也同样应该适用于人。

公 开 性

一方面，对于动物的精神状态，笛卡尔提出一套与功能主义非常一致的方法。另一方面，对于人的精神状态，他提出一种内省式的方法。

我们是否有理由喜欢某一种关于有意识的精神状态的解释而否定另一种解释呢？这是当代心灵哲学内部一个极其重要的争论。为了更好地理解笛卡尔观点的长处和弱点，我们将对此进行简要评论。

因果的、功能主义的分析将精神状态的界定与它们潜在的外在表现形式联系在一起。这些表现形式是公开而客观的。这与内省性分析形成鲜明对比，后者把精神状态看作实质上是私人的和主观的。根据这一点，精神状态实际上是只有拥有它们的人才能够了解的观念。进一步来说，精神状态本质上是由意识来界定的。

内省性分析在这方面似乎存在问题。它使得精神状态实质上成为隐秘的，相反，诸如"疼痛"之类的词的含义，对于所有使用英语语言的人来说必然是公共的和共同的。否则，人们之间无法相互理解。内省主义在说明诸如"疼痛"之类的词具有公共的含义这样的事实方面是有困难的。它意味着，我知道像"疼痛"这样的词的意思，仅仅是因为我自己具有疼痛的感觉。它赋予此类词语纯粹现象学的和私人的界定。通过将精神状态的界定与公共的行为标准联系起来，功能主义（因果）方法避免了这一难题。

然而，最近的学者们已经得出结论，功能主义（因果）方法忽视了对于经验来说最为重要的东西,即经验的主观性。正是由于它忽略了对于经验来说极其重要的主观性,它无法说明诸如什么符合蝙蝠的特性等主观性事实。④

注释:

① 斯蒂芬·高克罗杰:《笛卡尔:一个知识分子的传记》,克拉伦登出版社,1997年,第63页。

② 斯蒂芬·希弗尔,《笛卡尔对自我本质的论述》,见V.查普尔主编:《笛卡尔沉思集》,罗恩和特利尔菲尔德,1997年,第65页。

③ V.查普尔,《观念理论》,见阿米利·罗蒂:《笛卡尔沉思集随笔》,加利福尼亚大学出版社,1986年,第177页。

④ 例如,参见托马斯·内格尔:《什么符合蝙蝠的特性》,见托马斯·内格尔:《死亡问题》,剑桥大学出版社,1979年;约翰·瑟尔:《心灵的再发现》,MIT出版社,1994年,第93页;戴维·查默斯:《有意识的心灵》,O.U.P.,1996年。

10

On Descartes ———— 生活在机械世界里

我是这具躯体吗？笛卡尔的目的是想表明这个问题的答案是否定的，因为心灵与肉体是截然不同的存在物。笛卡尔的物质概念是一种无生命的、呆滞的实体，这一实体从机械论的意义上说经历了可以得到解释的各种变化，它使得物质世界与人的心灵之间的对照非常鲜明。人的心灵是有意识的、理性的和自由的。物质是无生命的、呆滞的，并且是由因果定律所决定的。我们如何将这一新的物质概念，即关于物质世界的方兴未艾的科学观，与把我们自己看作是本质上有意识的和非机械的存在的观点协调起来呢？

笛卡尔的回答是，我们无法做到这一点。因此，心灵在本质上一定是某种非物质的东西。为了说明这一点,笛卡尔试图证明精神实体的本质特点与物质实体的本质特点是不同的。换言之,新的物质概念为灵魂的存在提供了证据。若按照这种方式进行正确的理解,这种新物理学是支持宗教的。

笛卡尔认为,所有物理现象都能根据物质的机械运动得到解释。然而,人的有意识的精神状态却不能如此解释。人在本质上是一种有意识的精神实体或存在物。因此,宇宙至少包含了两种实体:心灵和物质。心灵的本质是有意识的,物质的本质是存在于宇宙空间。这一观点被称为实体二元论。人是什么?根据笛卡尔的观点,这两种不同的实体之间具有密切的因果联系。肉体中的变化不断地导致心灵中的变化,反之亦然。

在第二条沉思中,笛卡尔指出,他的本质就是思想。在第六条沉思中,他通过论证他的本质仅仅存在于思想之中,又朝着证明二元论的方向前进了一步。换句话说,他的唯一特性就在于他是有意识的,离开这一特性,他就不复存在。这一新的论证包含了"清晰而明确的观念是真实的"这一原则。在他证明上帝存在之前,这一原则并不适用于他再次返回到第二条沉思。这一新的论证如下所述。我们清晰而明确地感知到,在思考自我是一种有意识的存在的过程中,我们将它设想成如同一种实体或完美的实在一样,通过自身而具有存在所需要的一切。因为清晰而明确的观念是真实的,因而笛卡尔推论说,他的本质仅仅在于他是有意识的。

就其实体二元论，笛卡尔为我们提供了三个论证。

○　根据清晰而明确的观念进行论证

他声称拥有一种清晰的观念，即作为一个有意识的存在，他确实不同于他的肉体，而且离开肉体他仍能够存在。他将此作为心灵区别于肉体的充足论据。

○　根据怀疑方法进行论证

这一论证作为怀疑方法的应用出现在《方法论》的第四部分：

○
1. 我不能怀疑我（作为一个心灵）是存在的，
2. <u>我可以怀疑我的肉体的存在，</u>
3. 因此，我（作为一个心灵）不同于我的肉体。

这一论证所依据的是同一事物的不可识别性原则。这一原则表明，相互等同的事物，如水和 H_2O，一定具有共同的属性。如果水具有某种 H_2O 所不具有的属性，那么，就不能说两者是等同的。用更为专业的术语来说，如果 X 是与 Y 同样的客体，那么，任一命题谓项 F 就是：X 是真的，Y 一定也是真的。用逻辑符号表示就是：$(x)(y)(F)(x = y \equiv (Fx \equiv Fy))$。笛卡尔依据这一原则进行了如下论证：如果我的心灵等同于我的肉体，那么，其中一个的真实性也就是另一个的真实性。但是，有一个事物对于我的心灵是真实的，而对于我的肉体却不是真实的，也就是说我不能怀疑它的存在。

这一论证是无效的。在第四组反驳中，阿诺尔德通过一个类似的例子指出了这一点。我可以怀疑一个直角三角形有一条斜边，其平方等于另外两条边的平方之和。但却不能由此得出结论说，它没有这样一条边。另一个相反的例子是：水与H_2O是等同的。一个没有化学常识的人有可能争辩说，他不能对大海是否由水构成产生怀疑，但却可以对大海是否由H_2O构成产生怀疑，因而，水并不等同于H_2O。

既然水与H_2O是等同的，那么，这一论证是不成立的，而且，笛卡尔来自怀疑的相似论证也是不成立的。为什么两个论证都是无效的呢？因为"怀疑"是一个心理学意义上的动词，就其本身而论，它是非广延的。在一种扩展的背景下，当我们用另外的能够弄清或指出同一事情的词来替代一个词时，不会改变整个句子的真或假。例如，"在海平面上，水在100℃时沸腾"。这是一个外延句，因为我们可以用"H_2O"来代替"水"，而不改变整个句子的真假。然而，并非所有句子都是外延的。带有"她认为……""他希望……"，或更恰当的"他怀疑……"等句式的句子，都不是外延的，它们是内涵性的。对于外延句有效的许多推论，对于非外延句或内涵句都是无效的。例如：

1. 他相信，在海平面上，水在100℃时沸腾。
2. <u>水是 H_2O。</u>
3. 因此，他相信在海平面上，H_2O 在100℃时沸腾。

这并不是一个有效论证，因为"相信"并不是外延性的。"怀疑"也不是外延性的。由于这个原因，笛卡尔根据怀疑方法所进行的论证不能证明心灵与肉体是有区别的。假定主观上怀疑 X 而不怀疑 Y，我们不能得出 X 和 Y 在客观上是不等同的结论。

根据可分性进行论证

在第六条沉思中发现了第三个论证。笛卡尔竭力论证他是一个完满的、不可分的实在。但是，具有广延性的物质总是可分的。因此，笛卡尔得出结论说，他作为一种思维着的事物在本质上一定不同于所有物质，包括他的肉体。

1. 心灵是一个不可分的实在。
2. 所有物质客体在空间上一定是广延的。
3. <u>空间上广延的任何事物都是可分的。</u>
4. 因此，心灵不是一个物质客体。

心灵真的是不可分的吗？柏拉图断言，灵魂有诸如意志、情感、感觉以及理性等组成部分。笛卡尔则否认这些是灵魂的组成部分,"因为它是同一个产生意愿、进行理解并拥有感性知觉的心灵"(AT VII 86)。我们可以回想笛卡尔关于蜡烛的描述。尽管蜡烛可以呈现出不同的形状,蜡烛仍然是蜡烛。同样,在笛卡尔看来,即使意识发生变化,意识仍然是意识。

下面的例子是关于被分裂的心灵的例子吗?女巫就是一个人具有几种分裂人格的典型案例之一,这些分裂人格中有许多并不知道其他人格在做什么。一些人被分裂的大脑两半球之间具有联系。在实验条件下,当右脑丧失视觉信息时,左脑并不知道右脑正在看什么。难道这些例子可以算作存在着分裂的心灵吗?

无论这些问题的答案是什么,第一个前提仍然存在着另一个严重问题。这一问题是由康德提出来的。笛卡尔只是假定心灵是一个客体,他并未思考这样一种可能性:我们称之为心灵的东西实际上是一种属性或一组属性,而不是一个实体或客体。康德认为,笛卡尔误把意识的统一体当作某种统一的事物或实体。在康德看来,作为一种事物的心灵概念没有意义,因为心灵一定是一种不占空间的客体,而这样一种客体概念是没有意义的。笛卡尔则说,"我们不能设想半个心灵"(AT VII 13)。即使他是正确的,他也并未考虑到这样一种可能性:这是由于心灵根本不是一种事物。

二元论存在的问题

二元论是一种强有力的观点,而且就笛卡尔所理解的理由来说的确如此,即使他的论证是不成功的。通过把物质机械化,笛卡尔使得那种认为我们不过是由物质所组成的观点似乎更缺少吸引力和可理解之处。心灵必定处在钟表机械序列之外。

因果联系

笛卡尔坚持认为,在心灵与肉体之间存在着双向因果作用。在感性知觉中,大脑中的神经脉冲影响着心灵。例如,在观察一个客体时,从客体反射回来的光波对眼睛产生了影响并由此影响了大脑。大脑中的这些变化,使我们的心灵中产生了视觉。当我们自愿活动、根据意志而活动(意志活动是精神活动的一种形式)时会导致大脑中产生物理变化,而这种变化反过来又会导致肌肉和肉体的活动。

在许多人还不十分清楚大脑就是智力活动中心的时代,笛卡尔已经对神经系统和大脑产生了浓厚的兴趣。他的详细解剖学研究就包括大脑的图谱。而且他相信,他已经在大脑中确定了与心灵相互作用的位置——松果体。

然而,二元论使得心灵与大脑之间的双向作用有些费解。实体、心灵与物质,在本质上是完全不同的,这使得它们之间的相互作用模糊不清，使得人们对整个二元论观念产生怀疑。如果心灵本身不是有形的，它如何控制某些有形的东西呢？

假如心灵如笛卡尔所言是一个不占空间的存在物，那么，这个问题就更严重了。如果心灵在空间中没有位置，那么想象心灵接近大脑就是错误的。我的心灵与我的大脑的距离，不比它与银河系另一边的距离更近。那么，为什么它只对我的大脑产生直接的影响？这似乎无法解释我的心灵为什么不能导致你的肉体中或银河系另一边某一颗行星上的运动。如果意志的不占空间位置的活动在我的大脑中引起了变化，这一定是某种形式的心灵致动或魔术。为什么只有我的大脑受到这种心灵致动的影响？二元论无法解释心灵与肉体之间的因果联系。

神经学

进一步看，二元论似乎同神经学相矛盾。当大脑的特殊部位受到损伤时，我们就会失去特殊的精神能力。实体二元论不能对此做出很好的解释：如果心灵和肉体是两个截然不同的事物，而且正是由心灵来负责记忆，那么，心灵应该能够不依赖于大脑的作用而独立做到这一点。然而，事实上，当特定的脑细胞被杀死时，就会摧毁特定的记忆。①

能量守恒

二元论同时也与能量守恒定律相矛盾。根据物理学的观点，物质世界是一个封闭的体系，在这一体系中，整个能量是守恒的。如果笛卡尔的二元论是正确的，那么，不具备充足物理原因的大脑中将会发生物理变化。而这将意味着对能量守恒定律的否认。能量守恒定律不仅仅是一条物理规律。如果能量守恒不是真实的，那么，你就不能从事物理学研究了。这一定律是其他特殊的物理规律的必要条件。例如，力＝质量 × 加速度（F ＝ M×A）。如果力小于质量与加速度的乘积，那么，我们不需要足够的力来推动就可以使质量加速。另一方面，如果力大于质量与加速度的乘积，那么，没有物理作用就可以使力神秘地丧失。换言之，如果能量守恒定律是不真实的，那么，F 就不会与 M×A 相等。同一论证也适用于其他物理规律。换句话说，能量守恒定律使其他物理规律成为可能。因此，否认能量守恒对二元论来说是一个不可逾越的难题。

同一性问题

在其他方面相同一的两个物质客体可以彼此区别开来，也可以通过它们各自的空间位置在不同的时间被确定为同一事物。客体可以通过它们的时空位置而公开地得以确认。但是，心灵作为无肉体的精神人格却不占空间位置，因而无法确保我们公开地区别两个脱离肉体的相似心灵或把它们视为同一。这使得关于"脱离肉体的心灵是实体"这整个论题出现问题，因为实体一定是能公开识别的。如果实体不可识别，那么，说两个人的所指或正在谈论的是关于同一事物的观念，便没有清晰的含义或内容。这一问题对于笛卡尔来说是很尖锐的，因为他假定了"我"这一词可以确定无肉体的心灵。如果"我"这一词所指的是任何事物，那么可以肯定，它的所指必定是一种也可被其他人所确认的存在物。公共词汇所指称的事情一定有公共的确认标准。而令人怀疑的是，一个无肉体的心灵能否满足这一条件。

尽管笛卡尔认为，心灵有别于肉体并能不依赖于肉体而存在，他同样还坚持，在活着的人中，心灵与肉体之间存在着一种密切的特殊因果关系。否则，具有肉体的人就不能声称他或她的肉体无论如何是他或她的。笛卡尔还特别指出，"我的灵魂并不像一个引水员在船上那样存在于我的肉体当中"。他这样说是指心灵能够直接促使肉体活动，而且心灵能感觉到肉体的疼痛和其他知觉。对此，我们将在下一章进行考察。

其他本体论观点

我们不妨把笛卡尔的二元论与唯物主义做一比较。唯物主义认为，只有物质和物质属性是存在的。唯物主义者不必否认我们有心灵，但是她必定会否认非物质的心灵的存在。

然而，还有其他介于笛卡尔的实体二元论与彻底的唯物主义之间的其他本体论观点。例如，属性二元论者就有可能否认笛卡尔关于存在着非物质的实体或事物的观点。属性二元论者有可能主张，只有物质性的事物是存在的，而且还会声称，人和其他有感知能力的存在物是具有非物质属性或精神属性的客观事物。属性二元论者可能断言：一种实体，两种属性。

在我们讨论笛卡尔的心灵哲学时，我们一直谨慎地区分精神状态的性质（从第八章以来的内省主义与功能主义）与本体论的问题（从本章开始的二元论与唯物主义）。尽管这些问题是彼此独立，并且通常是令人费解的，它们之间至少存在着一种联系。20世纪的一些哲学家曾经利用精神状态的功能分析或因果分析来论证唯物主义。这一论证包括两个部分：首先，根据这种因果理论，精神状态从定义上看是能引起活动或适度复杂行为的东西。其次，科学的神经学理论意味着，所有活动和行为事实上仅仅是由中枢神经系统引起的。这两部分合在一起表明，所有精神状态都是大脑状态。简言之，根据定义，心灵是具有某种因果作用的东西。但是，事实上，唯一具有这种作用的事物是大脑，因而，所有精神状态都是大脑的状态。当然，笛卡尔可能不会同意关于人类精神状态的这两个前提中的任何一个，但就动物的精神状态来说，他却有可能对这两个前提都表示赞成。

注释：

① 保罗·丘奇兰:《物质与意识》，MIT 出版社，1988 年，第 20 页。

11

On Descartes ———— 身体的激情

在其生命的最后时光里，受波希米亚伊丽莎白公主的影响，笛卡尔开始对激情、伦理和美德进行更深入的思考。1649年，他完成了《灵魂的激情》的写作，而他与伊丽莎白的通信也包含这三方面的重要探讨。他是1643年5月开始与伊丽莎白进行书信往来的，当时她25岁。他频繁地给她写信，话语相当亲密，即使他们很少见面，他却有可能爱上了她。而伊丽莎白有可能将他视为导师，并称他为"医治我灵魂的最好医生"。可怜的老笛卡尔！

大约在1645年，他们开始更为频繁地联系。从那时起，她对于他形成其关于激情的本质的看法产生了越来越大的影响。

笛卡尔开始对心灵对身体健康的影响越来越感兴趣，他不再根据纯粹的物理学术语来解释健康。他们的早期通信，也就是1643年5月以后的通信，更多地集中在身心关系的探讨方面。伊丽莎白促使笛卡尔清楚地阐释了他过去所写的东西中那些隐含的内容。

实体的统一

在1643年6月28日写给伊丽莎白的信中，笛卡尔提出三个基本概念：灵魂、肉体及二者的结合。笛卡尔谈起心灵与肉体本质上的结合，就好像二者是同一实体或事物。这是因为包含在肉体中的心灵具有非常特殊的特征。在这种情况下，整体大于部分之和。

我们是有形体的存在物。笛卡尔试图揭示这一形体的哲学含义。这种努力有三项结论：第一，它意味着我们可以影响自然界的变化，因而我们有机会使事物变得更好。这意味着推动进步的一种责任，而推动进步正是笛卡尔伦理学的关键所在。按照实体统一的观点来设想一个人，完全不同于按照动物的生理机能对其行为所做的解释。我们能够促使变化发生，这就是我们要以不同于动物的方式对我们的行为负责的原因。而且对笛卡尔来说，这对理解激情是非常重要的。

第二，它意味着物质对我们具有某种影响。它意味着我们服从于由肉体所产生的观念。这些观念可能为我们提供了一种关于世界怎么样的错误观念，因而使我们产生知觉上的幻觉。这些由肉体所产生的观念使我们感到我们仿佛存在于我们的肉体之中。不要忘记，根据笛卡尔的观点，有意识的心灵是一种不占空间的实体。然而它感觉到我们仿佛存在于我们的肉体之中。除此之外，这些由肉体所引起的观念还会使我们服从于激情。

第三，它要求笛卡尔对他提出的正式观点进行提炼，或至少是进行补充。笛卡尔的正式观点认为，人是一种思维着的实体或一种非物质的和不占空间的灵魂。然而，人类（与人相对而言）是心灵与肉体的结合或统一，他具有诸多新特征，这些新特征是心灵与肉体任何一个都不单独具有的。

特别需要提到的是，在笛卡尔关于人类的解释中，感觉和想象占据着这样一种奇特位置。它们既不是一种纯粹的精神状态，也不是一种纯粹的肉体状态，而是一些被具体化的特性。笛卡尔写道：

> 它们是……我们自身所经历的某种事情，我们既不应将它们单独归因于心灵，也不应单独归因于肉体，而应该归因于它们之间的密切结合。

关于这种新观念的最典型的例子就是饥饿和口渴。我们并不一定要以看到汽车油箱上的标度盘那样的方式来感觉我们饥饿和口渴。饥饿和口渴是我们在自己身体中所感觉到的。它们起源于"二者的结合，就好像心灵与肉体的混合"（AT VII 81）。我们有饥饿和口渴的感觉是因为我们有身体。纯粹的心灵不会产生这些感觉。在笛卡尔看来，诸如饥饿等现象包括三个要素：生理的或肉体的反应、人需要食物的内心判断以及第三个要素——饥饿的特殊感觉。在第六条沉思中，他说：

> 大自然通过饥饿和口渴这些感觉教育了我，因而我并不仅仅像水手出现在船上那样出现在我的肉体中，而是紧密地融入身体之中，与身体融合在一起，所以，我与肉体组成一个统一体。

根据笛卡尔的观点，知觉观念和激情同样适合身心状态的这种第三范畴。外部感觉器官导致了大脑中的运动，"这种运动使得灵魂对这些客体产生了感性知觉"（AT XI 346）。正如我们已看到的那样，这些观念与导致它们产生的原因并不相像。例如，它们会使我们相信事物是有颜色的，而客体中根本不存在与颜色相类似的东西。我们容易产生这类幻觉，是因为这些感觉具有实体的本性。这就是知觉观念令人困惑的原因所在。但是，当得到理性的适当支持和纠正时，这些观念就能够为我们提供关于世界上那些特定事物的知识。

在《灵魂的激情》中,笛卡尔强调,许多精神功能依赖于肉体:想象、情感和感觉便是如此。当然,他对此越是强调,那种脱离肉体的非物质的心灵似乎越空洞(而且晚年的生活越令人讨厌)。但是,为了回应认为第三范畴没有意义的抱怨,笛卡尔在1642年写给神学博士吉比夫(Gibieuf)的信中说:

> 我没有发现理解如下问题有什么困难:一方面,想象和感觉能力属于灵魂,因为它们属于思想范畴;另一方面,只有在灵魂与肉体相结合的意义上,它们才属于灵魂……

如果我们想起笛卡尔从事写作的历史背景,他的总策略就更有意义。那个时代的许多思想家将精神和物质混为一谈,他们为了解释物理的变化,通常将精神属性归因于物质。在其自然哲学中,笛卡尔排除了各种形式的生机论。根据笛卡尔的观点,物理变化必定能从机械学上加以解释,并且不用诉之于任何不正当的对目的和精神属性(例如对空虚的恐惧)的要求。换言之,笛卡尔的物理学要求精神与物质之间截然不同的区分。对他来说,同样的原则适用于生理学和动物行为。精神特性一定是被如此运用于心灵的。只有在对心灵和肉体做出区分之后,笛卡尔才能将二者统一起来。

激　情

《灵魂的激情》是在 1645 年到 1646 年的冬天完成的，其目标是对身心关系进行彻底的说明。也许是要部分取代计划中的《哲学原理》第五部分和第六部分的内容。这两部分原本分别是论述有生命的存在物与人的，但是，笛卡尔却从来没有动手写作。

笛卡尔对他的新科学方法在心理学上的意义是持乐观态度的。他对情绪和情感对身体健康的影响非常有兴趣，并试图形成一种相关的医学理论。这种乐观主义部分是因为这样一个事实，即他认为所有生物学原则必定可简化为物理学。他认为，他的方法将会给人类带来众多益处，包括更多地控制自然以及更好地改善心理和生理健康。

然而还远不止这些。笛卡尔还将人们对激情的态度看作是幸福生活的关键所在。他是这样结束这部有关激情的著作的："生活的所有善恶恰恰正是依赖于激情本身……它们使我们乐意得到自然界里注定对我们有益的那些东西。"笛卡尔关于激情的解释，形成了其伦理学以及个人发展观的基础。

笛卡尔写作的目的，就是对激情进行解释。与早期其他作者的著作不同，笛卡尔并非要犯对灵魂进行肢解的错误，而是想要对心灵与肉体做出清楚的区分。同时，对激情的解释必须承认，身心之间的密切关系是人生的组成部分。因此，尽管自由意志和思想属于心灵，但感情和激情却部分属于肉体，必须根据二者的本质结合对它们做出解释。

《灵魂的激情》的第一部分概括了关于身心关系的一般说明，解释了二者的本质结合以及激情的一般本质。在第二部分中，笛卡尔对激情进行了分类。在第三部分，讲述了特殊的激情并讨论了治疗问题。

笛卡尔将灵魂的作用分成积极的和消极的两种。"激情"这一术语应与"意志"相对应。所谓意志，就是我们要积极地去做什么；而激情则是消极地降临于我们的。更为特殊的是，激情是由于肉体的影响而产生在心灵中的情感。

笛卡尔认为，我们有六种基本的激情：惊奇、爱、恨、渴望、快乐与悲哀（AT XI 380）。它们混合在一起形成了更为复杂的情感，诸如蔑视、自豪、谦恭……例如，所谓自豪就是，我们爱自己并渴望保持这个样子。所谓气愤，是一种强烈的憎恨，它与包括自爱的渴望混合在一起（AT XI 477）。

笛卡尔认为，幸福生活的善恶都建立在激情的基础之上（AT XI 488）。他说，激情的唯一作用就是使灵魂愿意用意志的力量来驱动那些对我们有益的事情。

控制冲突

对情感的传统解释是以柏拉图对灵魂的高低层次之分为根据的。笛卡尔反对这种观点，他写道：

○　　我们只有一个灵魂，而这一灵魂本身内部各部分间不存在差异性。（AT XI 364）

笛卡尔将灵魂各部分之间冲突的观念排除在外。如果我们经历冲突，它一定是灵魂与肉体之间的冲突。控制这些冲突的秘密在于肉体与灵魂之间的结合点——松果体，需要通过松果体的运动来控制激情。根据笛卡尔的观点，我们可以通过使自己从神经系统的控制下获得自由而使我们的意志得到发展。获得这种自由对于我们成为道德高尚的人是极为重要的。但是，它要求我们理解激情，这反过来又要求我们理解肉体的功能。

激情的作用就是指导我们获得对我们有益的东西。然而，有时候激情的指导是不可靠的。它们致使我们去做伤害我们自己的事情。笛卡尔并没有为此而谴责激情。事实上，他认为这是一种幸运的倾向，正是由于它，我们被迫提高控制情感的能力。否则，我们就会总是根据激情而不是积极的意志去行动。一方面，当激情被理性的灵魂控制时，我们就能相信它们不会危及我们的安康和自由意志。

为了控制激情，我们有必要理解肉体是如何发挥作用的。情感是由被笛卡尔称为依照松果体行事的动物精神所导致的，它影响着这种有意识的心灵。激情就是这种影响心灵的动物精神。在这一过程中，我们是消极被动的。一方面，当灵魂导致松果体中的运动产生时，意志的活动就开始了。动物的精神就受这种松果体的影响（AT XI 354-356）。

今天我们对笛卡尔的"动物精神"这一术语多少有点陌生。他认为，神经系统是由细小的管状器官构成的，动物精神就是通过这些细管得以运动的。它们完全是物质性的存在，是一些物质性的微粒，充当着从大脑到身体其他各部分以及从身体其他各部分到大脑的信使。笛卡尔认为，鉴于这些微粒的运动，从松果体控制中心到肉体，或者从肉体到大脑的松果体，理性与情感之间的冲突是比较强烈的。

由于情感是偶然发生在我们身上的某种东西，因而我们只能间接地控制激情。它们依赖于肉体，是由诸如血液和心脏中的生理变化引起的，而意志无法对这些变化本身进行直接控制（AT XI 364）。其结果是，对激情的控制需要进行训练。笛卡尔利用了下面的类比：我们不能随意使瞳孔扩大，但是我们可以借助于向远处观望而间接地做到这一点。

间接控制激情的第一步，就是将肉体中的特殊运动与特殊的思想联系起来（AT XI 370）。就像意见一样，渴望与激情通常是由习俗和联系所构成的。例如，在一种令人感到畏惧的环境下，一个人会产生某种思想，这会导致大脑中的变化。大脑中的变化反过来又会使人产生恐惧的感觉。这种反应经过一段时间得以形成，并成为某种思想和某种激情之间的惯性联系。例如，我们可以将药物的滋味与厌恶感联系起来。这种联系的原则是：

○ 我们的心灵和肉体是这样联系的：一旦我们把某种肉体活动与一种确定的思想联系起来，那么，其中一个的发生会引起另一个的发生。（AT XI 407）

笛卡尔的观点在于，我们应该打破旧有的有害联系而建立有益的新联系。而且，在这一过程中，我们将对意志进行训练和培育。笛卡尔将这种自我训练与对动物的训练做了比较。狗经过训练可以悄悄地蹲在那里一动不动，直到看到山鹑并等我们开枪后才向我们跑来（AT XI 370）。

第二步就是获得对渴望的直接控制，所谓渴望是自由意志的表达。激情仅仅通过渴望来导致行为，而通过控制渴望，一个人可以控制其激情。按照这种方式，一个人能够通过渴望对松果体的影响而获得对其激情的间接控制。当渴望建立在有关善恶知识的基础上时，它就是正当的。由于这个原因，为了能够控制激情，我们必须反复灌输正义的思想。

伦 理 学

正如前面所提到的，由于伊丽莎白的影响，笛卡尔对人类健康的思考在1645年前后发生了转变。他从更多地使用物理学和医学术语来构想激情，转而强调身体健康对于心灵状况的依赖。他对健康的考察从生理学方法更多地转向心理学方法。例如，在对待抑郁症问题上，他鼓励伊丽莎白集中于令人愉快的事情，以使内心得到放松，使血液得到自由循环。例如，鉴于早先笛卡尔曾经将药物看作使人变得更聪明的一种方式，他在1646年写道：

> 我不再寻找各种保全生命的方法，我已发现了另一种更容易、更可信的方式，那就是不要恐惧死亡。（AT IV 441）[1]

按照这条变化轨迹，笛卡尔在其最后一部著作的第二部分，对不同种类的激情进行了区分。虽然这部著作的前几部分集中在理性与激情之间的紧张关系问题上，但是现在，笛卡尔在我们称为外部激情与内心激情的东西之间引入了一种冲突。他认为，某些情感比其他情感对肉体的依赖更多。虽然纯粹的思想离开肉体中发生的变化也能产生，但是，感觉和想象却具有肉体的原因和影响。因此，思想以外的包含感觉和想象的激情对肉体的依赖更多。较少依赖于想象的情感，即那些对于心灵而言更为内在的情感，只能由思想来构成，而且它们看起来与意志相似。它们将会摆脱肉体的影响。笛卡尔认为：

> 我们的健康原则上依赖于内心的激动,这些激动是灵魂中的激动,只有通过灵魂本身才会产生。(AT XI 440)

诸如知识的欢愉等内心情感,为灵魂在其内部找到幸福提供了工具,而不必依赖于外在的帮助。笛卡尔认为,我们应该培养这些对肉体依赖较少的情感。这样做将会加强意志的力量,并使我们不再容易受到外部的伤害。

这些内在情感构成了笛卡尔伦理学思想的基础。伦理学这一术语在他那个时代包括对灵魂的医治。美德仅仅在于总是做那些根据人的判断是最好的事情,在于不受激情或欲望的左右而实现理性的告诫(AT II 371)。

注释:

① 1646 年 6 月 15 日写给沙尼的信,引自斯蒂芬·高克罗杰:《笛卡尔:一个知识分子的传记》,克拉伦登出版社,1997 年,第 388 页。

12

On Descartes ——— 补遗

第一条沉思向我们提出一个怀疑论的挑战。对这一挑战的回答要求我们做两件事：其一是证明笛卡尔对如下论点，即我们只能感知我们自己的观念的论证是不全面的或错误的；其二是表明这一论点本身是错误的。我将提出一种非常简便的方法来做上述两件事，但是，我并不想论证这些回答是对笛卡尔挑战的正确应对。

两种论证存在的问题

无论是根据幻觉还是根据想象所进行的论证，都假定了知觉活动的内容是被知觉到的事物。实际上这都意味着这两种论证都是以假定作为论据的。

为了理解这一点，让我们分别对这两种论证所割裂的东西——来自被知觉之物的知觉内容——进行考察。一方面，被感知之物或感知对象是外部世界中的一种事物，它独立于观察活动而存在。另一方面，被感知的内容就是一个人如何进行感知。例如，"我把桌子看成是一个褐色斑点"，描述了人是如何观看桌子的。我的观看内容并不是观看活动之上的客体或超越观看活动的客体，它只是我观看的方法或方式。观念并非是被看到的事物，而是观看活动本身。

如果打破客体与内容之间的这种差别，那么，我们将会得出经验内容就是精神客体的结论。这样，我们就无法对"我们只能感知观念"这一观点的含义做出区分了。这会导致把感觉的内容当作精神客体、当作某种观念。观念并非我们所感知之物，它们是我们的感知方式。

显然，一个拥有幻觉症的人正在观看，其体验是有内容的。然而，我们不能假定这意味着他一定在观看某一实在。与此相似，在客体本身不变的情况下，我对颜色的感知方式却可以发生变化。然而，我们并不能由此而得出结论说，我如何感知与我所感知的内容是相同的。

具体而言，在第五章第一个论证中，第二个前提是：

○ 在客体本身没有发生任何变化的情况下,我所感知到的内容也可能发生变化。

在第二个论证中,第一个前提是:

○ 即使外部客体发生变化甚或消失,我所感知到的内容仍能保持不变。

在这两个例子中,重点短语"我所感知到的内容"应该由短语"我如何感知"来替代。假定这样替代的话,那么两个论证都是无效的。

这些观点是很重要的,因为笛卡尔提出的论证似乎意味着存在着私人的精神客体。这就把我们置于感觉面纱的错误一面,同时也会导致产生身心之间的裂隙。

这种观点存在的问题

假定我们直接感知的是外在客体而不是观念。如果能证明这一点,那么,我们就能克服笛卡尔的怀疑主义。我们感知我们自己观念的难题在于,它将观念当作本质上是私人的精神术语来对待。它将它们当作只有我(或者每一种主体)能够确证的事物来对待。这反过来就需要本质上是私人的参照物概念。我们应该利用以维特根斯坦（Wittgenstein）的观点为根据的论证，从而表明这一概念是没有任何意义的。

我能够以一种本质上是私人的方式进行确证或重新确证的概念并无意义。为了说明这一点，维特根斯坦想象以一种本质上是私人的方式来用字母 S 指称感觉。当同一感觉再现时，该人将用 S 再次将它挑选出来。维特根斯坦认为，这是不可能的。他认为，在这种背景下，没有哪一种东西可能被当作同一种感觉来对待。

想一想我们通常是怎样根据感觉的公开原因对感觉加以确证和重新确证的吧（例如，丝绸摩擦皮肤的感觉、猫食的味道、地中海的蓝色）。然而，这实际上已经预先假定了外部世界的存在。在笛卡尔的怀疑方法中，我们认为暂时把对外部世界的信念悬置起来是必要的。因此，笛卡尔应该对本质上是私人观念的确证这一概念负责。"本质上是私人的"意味着根本没有参照任何公开的外在标准或因果要素。

维特根斯坦为反对 EPI（本质上是私人确证）的可能性所进行的论证，是建立在如下观点之上的：为使确证有意义，一定有可能做出错误的确证。某些事情一定可以算作犯错误（例如，把猫称为狗，或把感觉 F 称为 S）。然而，由于本质上是私人的，事物看起来是怎样的与事情实际上是怎样的必然是相同的。这两者必然是一致的。因此，任何东西都不能算作对本质上是私人感觉的错误确证。我们可以把这一论证表述如下：

1. 有意义的确证需要存在出错的可能性，
2. 由于存在着 EPI，因而根本不可能在"X 似乎是正确的"与"X 实际上是正确的"之间做出区分，
3. 因此，有意义的 EPI 是不可能的。

这一论证应该能够证明本质上是私人概念的错误所在，而这一概念正是笛卡尔的怀疑之依据。维特根斯坦所谓的私人语言论证对笛卡尔的核心观点——感知的直接对象是心灵中的观念——提出了挑战。

与本质上私人的概念相比，我们有可能认为，对感觉的确证需要可能的公开标准。这意味着，笛卡尔试图证明在外在的原因与私人的知觉客体之间存在着根本区别的论证，在两方面是不成功的：首先，它是某种错误的设想，因为它将观念当作精神存在物来对待。与之不同，我们不是把观念看作知觉的对象，而是把它们当作我们的感知方式。其次，我们必须根据公共的术语来确证和描述知觉的内容；心灵的内容不应与世界割裂开来。

On Descartes 参考书目

1. 查尔斯·亚当斯、保罗·坦纳利:《笛卡尔文集》(Adam, Charles and Tannery, Paul, *Oeuvres de Descartes*, Paris, 1974-1986)

2. 阿德里安·巴耶:《笛卡尔的一生》(Baillet, Adrien, *La Vie de Monsieur Descartes*, Geneva, 1970)

3. 约翰·布卢姆:《笛卡尔:道德哲学和心理学》(Bloom, John, *Descartes: His Moral Philosophy and Psychology*, New York University Press, 1978)

4. 戴维·查默斯:《有意识的心灵》(Chalmers, David, *The Conscious Mind*, O. U. P.,1996)

5. V. 查普尔主编:《笛卡尔沉思集》(Chappell, Vere, ed. *Descartes's Meditations*, Rowan and Littlefield, 1997)

6. 保罗·丘奇兰:《物质与意识》(Churchland, Paul, *Matter and Consciousness*, MIT Press,1988)

7. 约翰·科廷厄姆、罗伯特·斯图托夫、杜格尔德·默多克、安东尼·肯尼:《笛卡尔哲学著作》三卷本(Cottingham, John, Stoothoff, Robert, Murdoch, Dugald and Kenny, Anthony, *The Philosophical Writings of Descartes*, 3. Volumes, Cambridge, 1984-1991)

8. 约翰·科廷厄姆:《笛卡尔》(Cottingham, John, *Descartes*, Blackwell, 1986)

9. 约翰·科廷厄姆主编:《笛卡尔的剑桥朋友》(Cottingham, John, ed. *The Cambridge Companion to Descartes*, Cambridge, 1992)

10. E. M. 柯利:《笛卡尔反对怀疑论者》(Curley, E. M., *Descartes Against the Sceptics*, Harvard University Press, 1978)

11. 威利斯·多尼:《笛卡尔评论集》(Doney, Willis, *Descartes: a collection of Critical Essays*, Macmillan, 1917)

12. 威尔·杜兰特:《忠实的年代》(Durant, Will, *The Age of Faith*, Simon and Schuster, 1950)

13. 斯蒂芬·高克罗杰:《笛卡尔:一个知识分子的传记》(Gaukroger, Stephen, *Descartes: An Intellectual Biography*, Clarendon Press, 1997)

14. 哈罗德·乔基姆:《笛卡尔指导心智的规则》(Joachim, Harold, *Descartes' Rules for the Direction of the Mind*, Greeenwood Publishers, 1979)

15. 安东尼·肯尼:《笛卡尔》(Kenny, Anthony, *Descartes*,

Random House, 1968）

16. 丹尼尔·克拉克:《寻找自我》（Kolak, Daniel, *In Search of Myself*, Wadsworth 1999）

17. 加雷斯·马修斯:《哲学与儿童》（Matthews, Gareth, *Philosophy and the Young Child*, Harvard University Press, 1980）

18. 托马斯·内格尔:《死亡问题》（Nagel, Thomas, *Mortal Questions*, Cambridge University Press, 1979）

19. W. V. O. 蒯因:《一种观点的逻辑要点》（Quine, W. V .O., *From a Logical Point of View*, Harvard University Press, 1961）

20. 乔纳森·里:《笛卡尔》（Ree, Jonathan, *Descares*, Allen Lane, 1974）

21. 阿米利·罗蒂主编:《笛卡尔沉思集随笔》（Rorty, Amelie, ed. *Essays on Descartes' Meditations*, University of California Press, 1986）

22. 伯兰特·罗素:《西方哲学史》（Russell, Bertrand, *History of Western Philosophy*, London, Allen and Unwin, 1961）

23. 彼得·A. 斯库尔斯:《笛卡尔与启蒙》（Schouls, Peter A., *Descartes and the Enlightenment*, McGill-Queen's University Press 1989）

24. 约翰·瑟尔:《心灵的再发现》(Searle, John, The *Rediscovery of the Mind*, MIT Press, 1994)

25. 汤姆·索雷尔:《笛卡尔》(Sorrell, Tom, *Descartes*. Oxford University Press, 1978)

26. 加勒特·汤姆森:《近代哲学入门》(Thomson, Garrett, *An Introduction To Modern Phlosophy*, Wadsworth, 1993)

27. 斯蒂芬·沃斯主编:《勒内·笛卡尔哲学和科学随笔》(Voss, Stephen, ed. *Essays on the Philosophy and Science of Rene Descartes*, Oxford University Press,1993)

28. 马格利特·威尔逊:《笛卡尔》(Wilson, Margaret, *Descartes*, Routledge and Kegan Paul, 1978)

29. 伯纳德·威廉斯:《笛卡尔:纯粹探索工程》(Williams, Bernard, *Descartes: the Project of Pure Enquiry*, Pelican Books, 1978)

30. L.维特根斯坦:《哲学研究》(Wittgenstein, L., *Philosophical Investigations*, Blackwell, 1953)

悦·读人生 书系

生为人,成为人,阅读是最好的途径!

品味和感悟人生,当然需要自己行万里路,更重要的是,需要大量参阅他人的思想,由是,清华大学出版社编辑出版了这套"悦·读人生"书系。

阅读,当然应该是快乐的!在提到阅读的时候往往会说"以飨读者",把阅读类比为与乡党饮酒,能不快哉!本套丛书定位为选取国内外知名学者的图书,范围主要是人文、哲学、艺术类。阅读此类图书的读者,大都不是为了"功利",而是为了兴趣,希望读者在品读这套丛书的时候,不仅获取知识,还能收获愉悦。

"最伟大的思想家"
北大、人大、复旦、武大等校30位名师联名推荐,集学术性与普及性于一体,是不可多得的哲学畅销书

当当购买

京东购买

当当购买

京东购买

聆听音乐(第七版)
耶鲁大学公开课教材,全美百余所院校采用,风靡全球

京东购买

大问题: 简明哲学导论(第十版)
全球畅销500万册的超级哲学入门书,有趣又好读

艺术:让人成为人
人文学通识(第10版)
被誉为"最伟大的人文学教科书",教你"成为人"

当当购买

京东购买